U0943407

挑战经理人系列 5 《哈佛商业评论》案例研究精选

人事成难题，怎么办？

《哈佛商业评论》编辑组 编
董金社 译 朱泱泱 审校

商务印书馆
2006年·北京

When People Are the Problem,

What Will You Do?

图书在版编目(CIP)数据

人事成难题,怎么办?/《哈佛商业评论》编辑组编;董金社译.—北京:商务印书馆,2006
(挑战经理人系列)
ISBN 7-100-04889-3

Ⅰ.人… Ⅱ.①哈…②董… Ⅲ.企业管理:人事管理 Ⅳ.F272.92

中国版本图书馆CIP数据核字(2006)第004343号

人事成难题,怎么办?

《哈佛商业评论》编辑组　编

董金社　译

朱泱泱　审校

商　务　印　书　馆　出　版

(北京王府井大街36号　邮政编码 100710)

商　务　印　书　馆　发　行

北京瑞古冠中印刷厂印刷

ISBN 7-100-04889-3/F·607

2006年10月第1版　　开本650×1000　1/16

2006年10月北京第1次印刷　　印张13

印数5 000册

定价:33.00元

商务印书馆—哈佛商学院出版公司经管图书翻译出版咨询委员会

（以姓氏笔画为序）

致中国读者

哈佛商学院经管图书简体中文版的出版使我十分高兴。2003年冬天，中国出版界朋友的到访，给我留下十分深刻的印象。当时，我们谈了许多，我向他们全面介绍了哈佛商学院和哈佛商学院出版公司，也安排他们去了我们的课堂。从与他们的交谈中，我了解到中国出版集团旗下的商务印书馆，是一个历史悠久、使命感很强的出版机构。后来，我从我的母亲那里了解到更多的情况。她告诉我，商务印书馆很有名，她在中学、大学里念过的书，大多都是由商务印书馆出版的。联想到与中国出版界朋友们的交流，我对商务印书馆产生了由衷的敬意，并为后来我们达成合作协议、成为战略合作伙伴而深感自豪。

哈佛商学院是一所具有高度使命感的商学院，以培养杰出商界领袖为宗旨。作为哈佛商学院的四大部门之一，哈佛商学院出版公司延续着哈佛商学院的使命，致力于改善管理实践。迄今，我们已出版了大量具有突破性管理理念的图书，我们的许多作者都是世界著名的职业经理人和学者，这些图书在美国乃至全球都已产生了重大影响。我相信这些优秀的管理图书，通过商务印书馆的翻译出版，也会服务于中国的职业经理人和中国的管理实践。

20 多年前，我结束了学生生涯，离开哈佛商学院的校园走向社会。哈佛商学院的出版物给了我很多知识和力量，对我的职业生涯产生过许多重要影响。我希望中国的读者也喜欢这些图书，并将从中获取的知识运用于自己的职业发展和管理实践。过去哈佛商学院的出版物曾给了我许多帮助，今天，作为哈佛商学院出版公司的首席执行官，我有一种更强烈的使命感，即出版更多更好的读物，以服务于包括中国读者在内的职业经理人。

在这么短的时间内，翻译出版这一系列图书，不是一件容易的事情。我对所有参与这项翻译出版工作的商务印书馆的工作人员，以及我们的译者，表示诚挚的谢意。没有他们的努力，这一切都是不可能的。

哈佛商学院出版公司总裁兼首席执行官

万 季 美

目录 CONTENTS

引　　言

朱丽亚·克比

亨利·福特(Henry Ford)有句著名的抱怨话:每次当他要雇用一双手时,就不得不连同这双手陪绑一个活生生的人来。这一说法被经理人全盘认同,因为他们都对如下事实感同身受:正是具有情感和独特性格的人造成了最令人心烦的管理问题。如果组织行为能像流水线一样直来直去,像文件夹里描绘的商业模型那样一清二白该有多好。

我们正在谈论情感(passion)和独特性格(peculiarity),是吗?那么我们应马上在其中增加另一个以“P”开头的词——偏见(prejudice)。因为它是当今人力资源管理遇到的最重大问题之一,我们把背景和观点迥异的人组织起来,并要求其高效率地工作,实在是面临的重大挑战。

绝大多数企业需要卓越的差异性(指员工在种族、文化、历史背景、民族、国家等的差别。——译者注)管理方法,但这种需要发生得太突然。事实上,这就恰如企业挨了重重的两拳。第一拳是,竞争的基础发生了变化。在以服务业为基础的经济中,我们这些数不清的人都是"知识工人",不论何种企业都须营造一种环境,在这个环境里,人人相互激励、相互启发、相互学习,并合理搭配工作才能。但是,正如社会学家罗伯特·普特南(Robert Putnam)所证实的,合作水平建立在合适的社会资本(如文化、民族、种族同源性和包容性。——译者注)基础之上。接下来的一拳是,现今的企业,既在国内流动又向海外扩张,员工差别越来越大,他们缺乏共同的文化基础,导致合作难于进行。负责企业人力资源管理工作的经理人敏锐地认识到,现实和理想之间存在差距。我们都容易相信,自己所在的企业很好地解决了差异性问题,应为此举杯庆贺,但是,现实却是我们仍然要强忍耐心,共同工作。

案例研究方法

就差异性管理课题,《哈佛商业评论》遵循自己的风格做了大量的研究。回溯到1968年,艾布拉姆·科立尔(Abram Collier)(在"商业领袖和创新型社会"一文中)敦促读者为了创新应该有包容心,不能抹杀人与人之间、团队与团队之间的差别。我们发表的不少文章就涉及性别差异性课题,例如西尔维亚·安·休利特(Sylvia Ann Hewllet)撰写的"女总经理和无所不能的神话"(被评为2002年最佳商业故事之一),最近安娜·

费尔斯(Anna Fels)撰写的"女性缺乏野心吗?"凯思·卡弗(Keith Caver)和安希拉·利弗斯(Ancella Livers)合写的"亲爱的白人老板……"在探索少数民族经理人的视野上取得了突破。如此等等,不胜枚举。

但是,差异性管理的棘手难缠,也使它成为《哈佛商业评论》案例研究最完美的对象。涉及的问题很微妙,让人难以捉摸,即使经理人的心再好也会掉进明显的泥潭中难以自拔,在这里他们腹背受敌,进退维谷,做和不做都很难受。

本杂志的案例研究部分备受欢迎、经久不衰盖因于此。在案例研究的每个议题前,先向读者呈现一段吸引人的故事,然后请专家进行点评。这种迷人的文章布局和内容是其具有吸引力的原因之一。在考虑是否刊登某案例时,《哈佛商业评论》的编辑们要提三个关键问题:(1)它是否是(各行各业)许多经理人面临的问题?(2)它是否足够重要以致被首席执行官搜寻?(3)它是否是我们还不知道解决答案的问题?让管理学者和管理实践者欣慰的是,许多商业问题都有办法解决。这并不是说轻而易举地或者不用花多少钱就能克服面临的挑战(例如,最优加工调度、动态定价),而是说存在解决问题的理论和工具。凡是管理科学征服力量式微的地方,就是案例研究要占领的地方。迄今为止,在有些问题上我们还没有就理论框架和解决技巧达成共识。案例研究无论对经验丰富的经理人还是对新入行的管理者都有使用价值，因为这些问题天天遇到，又必须竭尽全力切实解决。

本书涉及的问题

你为深入研究做好准备了吗？为了让你一睹为快，下面先简单介绍你即将阅读到的故事内容。我建议你按文章排列顺序或者从与你目前处境关系密切的案例开始阅读。每个案例的特点是突出一个人物，该人物鲜明的个性留给人深刻的印象。你将发现，人物的情感、个性和偏见都起作用，这是故事具有的共同特征。在前一本书中，我们把各种“好心办坏事”（事实上，这是2003年出版的一本书的标题）的案例放在一起。这里，绝大多数中心人物的作为无可挑剔，种种麻烦反而是其周围的人招致的。

她还适合干下去吗？

这是第一个案例，由琼·马格丽特（Joan Magretta）撰写，故事的中心人物当然无可责备。在管理咨询公司，她是为数不多的女合伙人之一，只不过她受到了客户的性侵犯，经历太不幸了。而且这个客户不一般，是

她公司唯一的最大财源，是建立和保持业务关系的关键人物。但是，苏珊·卡特(Susan Carter)认为不能把该问题捅到管理层中去。她意识到，时至今日，自己之所以能取得成功，是因为自己具有适应环境的能力，具有不让自己的男同事感到“不舒服”的能力。她如果把性骚扰事件说出去，那么结果很可能是自己被慎重地调离岗位，这是她所不愿看到的(因为其他项目无论是令人瞩目程度还是未来奖金都无法与她现在的岗位相提并论)。而且从长远来看，结果会更严重。“你能确信，他们评价你或考虑委派你新任务时，这档子事不会在他们的脑海中浮现?”一位朋友劝告她说，“这样的事可能永远不会被清晰地说出来，但却永远在那里若隐若现。”

对本案例涉及的敏感话题，你如果还有疑问，请不妨考虑如下事实：本案例的一位评论员坚持隐姓埋名，这在《哈佛商业评论》的历史上是第一位也是唯一的一位。就我们所知，她是一家消费品公司的人力资源主管，一名女性。有趣的是，只有她建议苏珊闭嘴不说。她心里也赞成苏珊应给企业带来变化，使在这样的企业中，女性的宏伟抱负不再受男性至上主义意识的羁绊。但是，她认为这件事“是搭错了车”，与本事件有关的潜在法律责任和周围人们的情感迷乱“将转移人们的注意力，不再关注苏珊真正要揭露的核心问题”。建议苏珊把这个问题汇报给管理层的评论员有：吉列安·

德比希尔(Gillian Derbyshire)(EZ Foil 公司副总裁和总经理);安东尼·P.迪安烈亚(Anthony P. D'Andrea),朗讯公司主任;J.威廉·考丁哈(J. William Codinha),波士顿 Peabody & Brown 法律事务所起诉部主任;弗里达·克莱因(Freada Klein),人力资源管理顾问。总体来讲,评论说明涉及的问题是多么广泛——弗里达的评论尤其斥责专业服务公司——与此同时,还为那些想营造透明环境的公司提出了切实可行的建议。

员工冲突与歧视有关?

杰弗里·C.康纳(Jeffrey C. Connor)撰写的案例研究,描述了一个公司被分成了怒气冲冲的两派,起因是公司内的两个非常重要的员工之间发生的一件小事,一位是黑人男子,另一位是白人妇女。这位女高级经理星期天到公司加班,刷了自己的通行卡后把车开到车库,令她吃惊的是,跟在后面的车径直开进来(没有刷卡)。于是,她没有开车下坡道,反而是下车走到这位黑人青年的车前。黑人青年掏出身份证,证明他名叫迪隆·约翰逊(Dillon Johnson),是同一家会计公司的助理。她表示谢意后,就把车开进去,没有多想。但黑人青年认为她有种族歧视的嫌疑,因此感到非常愤怒,就向主管公司业务的合伙人喊冤叫屈。

哈佛商学院的罗宾·伊利(Robin Ely)认为,公司对此事反应强烈,恰好表明企业文化中普遍存在种族紧张的根源。因此她敦促主管公司业务的合伙人展开调查,弄清楚不同人种和民族成员对企业内部工作和人际关系的感受,并在轻松愉快的对话气氛中让全体成员共同分析调查结果。差异性管理顾问弗纳·迈尔斯(Verna Myers)则建议主管公司业务的合伙人组建差异性管理任务小组,目的是检查公司政策和实践活动是否存在任何偏见。西格拉姆公司(Seagram Company)人力资源副总裁约翰·博吉亚(John Borgia)则建议,他应特别要求迪隆就公司怎样才能成为宜人工作场所做出展望。他强调,公司应表达这样的意思:公司甘愿放弃那些不与少数民族业务代表合作的客户。咨询师珍妮特·米勒德(Jeannette Millard)相信,公司需要在规划、公司内部培训、公司架构和人员配备上实施变革,抛却长期的偏见沉疴,转变自新成为一个积极的、兼容并包的团体。她对主管公司业务的合伙人的建议是什么呢?“是公开声明福乐·芬顿(Fuller Fenton)公司存在歧视,需要改变,自己愿意带头行动的时候了。”

跨国企业文化差异的冲突

全球化企业实施跨国合并和并购时,性别和人种并非是它们必须与之斗争的最危险的旧框框，员工的民族差别才是最危险、最难以改变的事实。本书的第三个案例是由拜伦·雷莫斯（Byron Reimus）整理的，故事描述了一家英国公司和一家德国公司按照所谓的平等原则合并，新公司将成为世界第二大食品加工企业。这家新实体的董事会主席魅力非凡，企图消弭民族文化差异，他坚持认为“吃饭穿衣乃人之本”（意思是文化不属于吃饭穿衣之列，或者人为了吃饭宁可牺牲文化。——译者注）。但是，透过两家公司的人力资源主管之间的交锋和对话，我们发现事情远非如此。他们未能高效共事，其原因是真正存在的文化差异还是人为杜撰的这种差异呢？是公司文化差异还是纯粹的个性冲突起的作用大？

罗伯特·F. 布鲁纳（Robert F. Bruner）是弗吉尼亚大学达顿工商学院的教授，评论开始时，先列举现实世界相似的真实案例，包括沃尔沃和雷诺的失败的合并案，索尼公司对命运不济的哥伦比亚影片公司的兼并案，戴姆勒和克莱斯勒兼并后的文化冲突案。他说，董事会主席和首席执行官的任务应是，描绘公司发展前景，设定一系列清晰的期望值，确立有效的运营风格，发展一种既利用并尊重英国和德国传统又超越民族主义的企业文化。他提示到，这两位代表通过在一起喝酒交谈沟通就可以发挥作用。“在酒馆里花一晚上的时间自由交谈，使迈克尔更多地了解迪特尔

身为人的本来面目,非常有助于弥合两个人的思维模式。”丽达·克斯米德斯(Leda Cosmides)和约翰·图比(John Tooby)认同民族文化是人际关系的有力要素。作为位于圣巴巴拉的加利福尼亚大学进化心理研究中心的共同主任,他们认为:“每个人的内心牢固地形成了‘我们—他们心理’模式,而且很容易被激活。”把组织团结起来的最佳方法就是让成员注视共同的敌人,与他们竞争。迈克尔·普拉格内尔(Michael Pragnell)是农业综合企业 Syngenta 的首席执行官,他认为本案例的公司“值得我的同情”。他自己有过类似的经历,因为他执掌的企业是由阿斯利康(Astra Zeneca)和诺华(Novartis)合并而成,他把自己的经验拿出来共享。他特别责怪本案例的首席执行官“在未能制定一套清晰的战略和搭建新的价值体系前,就把人员松散地安排到不同的工作中”。最后,戴维·施威格(David Schweiger),咨询顾问和《合并和兼并整合:总裁和经理学习大纲》(*M & A Integration: A Framework for Executives and Managers*)一书的作者,主张制定结构整合过渡方案,制定和实施清晰的股东公关计划。有许多因素在发挥作用,远不只文化的误会。他承认,首席执行官不能强迫两位人力资源主管合作共事,但可以帮助他们认识到“他们会一起被解雇或者单独被解雇”。

管理偏向妈妈们惹后患

“请别对我说，我必须生个小孩才能要求休假。”奥尔登·M. 哈亚什(Alden M. Hayashi)整理的案例这样开头说道。该案例中，因为公司给一位有孩子的妈妈员工开出了比较优厚的工作待遇，她的同事们有点愤愤不平。梅根·福拉德(Megan Flood)是一位妈妈，是问题的关键。她被聘用时，通过协商形成共识，工作安排是：每周工作 4 天，工资相应减少。但是，同事们注意到，梅根的实际工作量比他们的 80%还要低，主要原因是，考虑到她出勤率降低，业务经理并不把最需要帮助的客户安排给她处理。现在，她的两位同事尽管还没有结婚也没有孩子之累，也提出与其基本相同的请求。其中之一要求参加训练，为一重要体育竞赛——铁人三项赛做准备；另一个除了说个人需要更多时间外则拒绝说明原因。如果这么多人执行不规则的工作时间安排，那么部门的业绩将打折扣，但是他们的经理以什么理由为根据才能拒绝同等待遇的请求呢？

就本案例而言，评论员们都认为，有孩子的员工不应因为有孩子，就应该得到更好的工作岗位安排或者更多的实际补助。然而，就如何评判涉及的弹性工作安排方法，他们各有建议，在如何化解团队日益紧张的关系上也有歧见。米歇尔·S. 达林(Michele S. Darling),保诚保险(Prudential)美国公司人力资源执行总裁,建议本案经理召开部门会议,告诉员工不论什么原因提出要求,对于员工要求弹性工作时间,她态度开放,决不避讳,但是每人必须做出切实有效的工作安排以应对变化。她还建议主管应鼓励手下8个业务经理从团队的角度思考问题,制定一个创新性的方案,使工作需要和个人需要保持平衡。克里斯·迪宁(Chris Dineen),一家软件公司总裁,并不十分赞成平等对待各种缩短工时的请求。现实情况是,客户服务团队大概只能支持一两个人这样安排工作。在他看来,这些新的要求实际上是"一种抗议",因此为达到公平,他建议寻求其他途径,例如公司同意累计员工加班时间,用它来抵消请假时间。作者埃利诺·伯克特(Elinor Burkett),以最先全面关注"偏向妈妈惹后患"的社会问题而闻名于世,用最简单的话给出解决之道:同工同酬。她谴责"企业因考虑不周全跟风推行偏向家庭工作岗位政策,结果造成混乱局面"的行为。斯图尔特·D. 弗里德曼(Stewart D. Friedman),福特领导力开发中心主任,把领导力这一概念向前更推进了一步,他提议举行小组会议,在会上每个人开诚布公地说出自己生活方方面面的期望。他认为,包容接受员工差异性就意味着支持他们不同的兴趣和爱好。他提倡"综合领导力",把工作、家庭、社区和自我整合在一起。

销售代表的最合适人选

约翰·汉弗莱斯(John Humphreys)在本案例中向我们呈现了一幅两难困境图画,任何一家企业在客户服务方面需要解决差别性问题时都有可能产生这样的情景。它向我们展示了一个管理团队在任用一少数民族雇员时的犹豫不决,原因就是有人认为此人担当该任务注定失败。史迪夫·里普利(Steve Ripley)这位非洲裔美国人是本案例的中心人物,他的事业发展潜力巨大,空间广阔。就产品知识和销售技巧而言,他是最近一期培训学员中最优秀者。辛西娅·米切尔(Cynthia Mitchell)想提携他到自己管辖的区域,让他向阿肯色州的农民客户推广公司的投资和财务咨询服务。但是她的顶头上司建议她不要这样做,因为上司想让公司在开发少数民族人才方面保持较好记录,他相信由于该地区的人顽固地怀有种族偏见会产生诸多麻烦。"我明白这样做似不公平,而且从某种意义上就是不公平,"他解释道。"但是,如果史迪夫第一份工作就铩羽而归,再提拔他就比登天还难。"

从对本案的评论判断,这是有一个正确答案的管理问题,但是世人好像还没有发现。评论员们认

为，辛西娅不理会老板建议是对的，需要任用史迪夫。但是都承认本案细节实在太司空见惯了。戴维·A. 托马斯（David A. Thomas），哈佛商学院教授，引用他自己对已获事业成功的少数民族专员的研究成果，即让他们描述自己人生中最关键瞬间。“在客户拒绝他们服务的时候，其主管经理毫不犹豫地反驳客户：‘他是我们公司最优秀的员工’。”小赫尔曼·莫里斯（Herman Morris Jr.），田纳西孟菲斯电灯、煤气和供水分公司（Memphis Light, Gas & Water）的总裁兼首席执行官，他也是一位黑人，谈及他首次干律师的个人经历，“工作期间如果客户因为我的肤色存心找茬时，他或她就会从高级合伙人那里听到非常强烈的话语：‘你聘请了我们公司，我们所有的律师都很出色，都会得到公司的全力支持。’”在两个作者一同做出的评论中，达赖尔·凯恩（Daryl Koehn，圣托马斯大学商业伦理研究中心主任）和艾利西亚·梁（Alicia Leung，香港浸会大学管理学助理教授）指出，本案例中公司白人男性领导对里普利成功机会的认识彻底错了。他们发现了相似的规律，即虽然公司在国外工作职位上拒绝使用女职员，可事实表明，“女性在学习世界各地的隐蔽生活习惯上具有明显优势。”最后的评论员是格伦·C. 洛里（Glenn C. Loury），波士顿大学的经济学教授，有点悲哀地说：“你总不能状告你的客户吧！”他特别留意本案的这种说法“早期工作干不好意味着永远也别想爬得太高”,对本案能否改变这种认识不敢肯定。他确信,公司应该给予史迪夫某种保证,即如果他真的接任该工作,也不会葬送发展前途。

优秀的员工被精神压力击垮了

本书至此已经探讨了公司和客户对担任经理职务的妇女反应、对有色人士的看法和对不同文化背景的同事的认识等问题。最后一个案例由黛安·库图(Diane Coutu)整理,其中讨论的问题事关造成差异和困境的另一根源,那就是心理残疾。凯瑟琳娜·沃德博格(Katharina Waldburg)在雇用她的管理咨询公司是一位创新型的、冉冉升起的明星员工。她的同事发现她的行为发生了令人迷惑的转变后,故事就展开了。从她的思想(如,关于研究语言的废弃问题)和个人行为(例如整日不能入睡,一遍又一遍发出含有疯狂内容的邮件)判断,读者们会认识到她掉进了疯狂的旋涡。当她对一位客户也是首席执行官声称“上帝用一个字母就创造了世界”时,其经理们才知道他们必须采取某种方式进行干预。但怎么干预呢?

凯·雷德菲尔德·贾米森(Kay Redfield Jamison),约翰·霍普金斯大学医学院精神病学教授,认为本案所

描述症状明显是躁狂症。她认为此类案例中的患者通常都喜好打官司，因此建议凯瑟琳娜的经理们详细记录与她有关的全部交易和行为。并且，考虑到躁狂抑郁症在社会上比较普遍，她呼吁所有公司制定处理精神病危机的通用办法。戴维·E. 米恩（David E. Meen），麦肯锡公司的一名前业务主管，则相信，该公司总裁先不考虑法律和商业利益问题，暂时将其放在一边，只以当事人的身份办事——甚至于通知凯瑟琳娜的医生，寻求治病良方。而且，诺曼·皮尔斯汀（Norman Pearlstine），《时代周刊》的栏目主编，告诉我们说，如果他处理类似本案例的情况，将听从自己本能的召唤，其本能大概很大程度上受他父亲曾经饱受躁狂抑郁综合症折磨的影响。"我答应她不管需要多长时间康复，她仍然有一份工作，"他说，而且"几年后，她告诉我，我的承诺对其康复起着关键性作用。"最后的评论由密歇根大学的法律助理教授理查德·普里莫斯（Richard Primus）完成，他列举了按《美国残疾法案》可能产生的法律问题。法律规定公司现在有权解雇她，但是要证明解雇的原因是工作业绩差而不是残疾，可能会遇到很大问题。他最后得出结论，建议公司继续与凯瑟琳娜合作，为她合理调整工作，这样最符合企业利益。

解决方案

6个案例针对6种极具挑战性的管理形势。正像“她还适合干下去吗?”案例中的主要人物所言:“讨论在商学院他们不曾教授的东西!”在自己的管理生涯中,你是否可能遇到类似的问题呢?哎呀,太有可能了。不可否认,人们能获得相同的工作成功机会,这对商业活动和社会的健康发展非常关键。但是,人们难以消除心里长期形成的习惯。美国差异性管理研究所,一个非赢利思想库,这样表述问题:“明天的挑战不是创造新的差别性环境,因为它们将随人口的变化自然形成。明天的挑战是预测、解析和管理产生于这种环境的需求和难题。”

展望未来,对于企业来说,差别性管理将长期是难题频发的领域,同时,在那些羁绊公司领导实现雄心抱负的领域将发生真正的变革。从更广阔的视角看,重要的是要认识到,公司是实际变革的推动力量。辛西娅·艾司伦德(Cynthia Estlund),哥伦比亚大学法律教授,在其著述《共同工作:员工的联合如何加强多元化民主》(*Working Together: How Workplace Bonds Strengthen a Diverse Democracy*)中提出自己的观点:“美国社会公共纽带日益减弱,社会隔离加剧,在这样

的时代，工作场所比从前任何一个时期都重要，它是种族、宗教和人种背景各不相同的美国人见面交流之地，建立实用的、持久的社会纽带之地。"根据她的研究，大多数人若有其他人种的亲密朋友的话，都是在工作中建立的朋友关系，并且这些人的人数一直在增长。例如，一项调查显示，报告自己有其他人种朋友的被调查者所占的比例，黑人在1964—1989年间从62%上升到82%，白人由18%上升到66%。在追求共同商业目标的背景下，艾司伦德得出结论："人们会被强制合作共事——虽然不会没有摩擦，但常常获得令人惊奇的成功。"

案例一

她还适合干下去吗？

琼·马格丽特

案例提要

苏珊·卡特(Susan Carter),一家声誉显赫的战略咨询公司的合伙人,陷入了自己未曾预料到的进退维谷的境地。起因是公司最重要的客户试图对她实施性侵犯。苏珊的一位朋友后来评述道:"说句'不行'倒简单,最难的就是使自己重新爬起来投入工作。"

苏珊是一个悟性很高、事业有成的职业女性,自商学院毕业后的12年,在企业内步步高升。但这件事情却使她不知所措,迫使她不得不面对公司内的极为微妙的权力斗争问题,以及把事件捅到公司最高层的艰难抉择。她的遭遇远远超出性骚扰的法律范畴,促使我们探讨性别影响公司高层用人偏好的方式方法。

苏珊担心公开此事对自己的事业发展不利,反倒落得"那种女人"的名声,意思是令男人感到"不舒服"的女人。在自己的从业经历中,她耳闻目睹了不少女性因此类捕风捉影的批评而失去了工作。同时,为把公司转变成一支平等的团队,女性将受到尊敬,价值得到认可,她全力以赴地干。其实,苏珊竭尽全力,在不犯下自毁发展前程的错误的前提下,想寻找办法打破限制女性职业发展的不成文规则,并改变人们内心的潜意

案例提要

识。她能按计划行动并仍适合继续干此项工作吗？这是不是苏珊及其公司都太难解决的问题之一？就本虚构案例，三位管理者、一位律师和一位研究工作场所性别平等的专家将向苏珊提出忠告。

“接着，唉，他径直向我扑来。”

“他做了什么了？”南希怀疑地问道。

“他扑向了我，”苏珊回答道。“我们在他宾馆房间的沙发上坐着，刚开始讨论他向董事会提交的报告才一分钟的工夫，他的身体就向我压过来，把我撞倒。我简直无法相信眼前的一切。”

“哇。”电话那头顿时陷入寂静。

“是的，哇，”苏珊重复道，“那么，我现在该怎么办呢？”

苏珊·卡特是总部设在纽约的克鲁恩战略咨询公司(Crowne Group)的合伙人。她的好朋友南希·里奇菲尔德(Nancy Richfield)是一位投资银行家。她们从商学院毕业后的12年间一直保持着联系，当事业发展遇到困难时，她们经常为对方出谋划策，相互鼓励。苏珊和南希属于出类拔萃的女性——在精英云集、男性仍占合伙人95%的私营公司中获得了合伙人的头衔。克鲁恩公司纽约办事处的合伙人组成与典型咨询和投资银行企业一样：共有98位合伙人，其中4位是女性。

苏珊努力工作的目标是提前4年晋级成为公司合伙人。她在派尔蒙公司(Pellmore)业务中的卓越表

现，使她有更多的机会出头露面。尤其令人注目的是，她与派尔蒙工业集团的高级副总裁布赖恩·汉森(Brian Hanson)共同负责，戏剧性地扭转了一项陷入困境的业务，使其重新恢复活力。这项大转变使布赖恩成了一位大英雄，而且他乐此不彼地向派尔蒙公司的其他高级经理推荐克鲁恩公司。几乎在一夜之间，派尔蒙公司成了克鲁恩公司最大的、最有利可图的客户。两家的业务量膨胀到 2 800 万美元——占纽约公司收入的 20%以上。并且，在一个月后的年度财务总结中，克鲁恩公司的高级合伙人期望进一步扩大对派尔蒙公司的收支预算。

苏珊感觉到她颈背后的紧张不安。

"那么，当他扑向你后又发生了什么？"南希问道。

"我把他推到了一边，并从沙发上站了起来，说'这样不合适'，"苏珊回答道，"并且，你能相信吗？是我把散落到地板上的幻灯片捡起来，然后逃离了那个鬼地方。我始终无法相信布赖恩·汉森能做出如此鲁莽的行径。我以前工作是如此努力。我该如何了结与他的个人恩怨呢？请你谈谈如何处理这些我们在商学院从未学过的事情吧！"

苏珊的另一个电话响了起来。她停顿了片刻，希望秘书能接电话，但秘书没接。"南希，我现在有急事要处理，"她说，"我们能在明天共进午餐吗？我确实需要破解妙计。”

“当然，我明天中午到你办公室来。”

苏珊按下第二部电话的接听键，说：“我是苏珊·卡特。”

“苏珊，我是杰斯汀·皮尔(Justin Peale)，”电话因静电而噼啪作响，“我正在去芝加哥的飞机上，但我想知道你昨天晚上与布赖恩·汉森会面的最新情况。”

苏珊想，我正要找他呢，而他自己撞上门来了。杰斯汀·皮尔是公司负责处理与派尔蒙公司关系的高级合伙人。杰斯汀高高的个子，相貌英俊，体格强健，是克鲁恩公司的大忽悠之一。他在客户面前绝对自信，使客户感觉到没有不可逾越的高山大川。但是在克鲁恩公司内部，人们却对他另有看法。由于他业务销售非常有成效，同事们不论有多么勉强，也对他表示尊敬。但是那些直接为他工作的人却能透过现象看到本质——杰斯汀基本靠不住。事实上，职位低的副总裁们都不愿为他效劳。他特别擅长夺取别人的工作成果和荣誉，甚至更擅长在颓势之际及时抽身隐遁。

“哦，杰斯汀，我现在忙得焦头烂额，”苏珊不做正面回答，她当时最不想干的事情就是与杰斯汀谈话。“我正在去波士顿参加一个招聘推荐会，然后是招待会和晚宴，可能要忙到很晚。”

“好，什么时间我们可以谈一下？”杰斯汀坚持说。

“明天下午之前我可能都没空。”

“那么你2点钟到我办公室，行么？”

“行。”苏珊回答道。毕竟给自己争取了至少一天的时间，她感到如释重负。

“那么2点钟！”杰斯汀总是用自己的最后一句作结束语。

苏珊挂上电话，透过39层办公室的窗户，眺望曼哈顿的天际线。她知道杰斯汀对于2年前安排她负责派尔蒙公司业务不太热情。当时，行政副总裁林达·布什内尔(Linda Bushnell)负责客户分配，是她拉了苏珊一把。她们共事多年，相处融洽，林达很想给苏珊晋升发展的机会。

据林达说，杰斯汀曾经很谨慎地说，他对苏珊“万分尊敬”，“但我们要对客户负责，”他说，“他们是一群非常难对付的家伙，我甚至都不知道派尔蒙公司的那帮家伙对苏珊是不是感到舒服，她是否合适？我认为苏珊似乎不是一个恰当人选。”

最后，杰斯汀的想法遭到克鲁恩公司纽约总部的总裁约翰·麦克姆林(John McMullin)的否决。苏珊一直是克鲁恩公司任劳任怨的好员工，并且约翰先生已经许诺，将下一个有巨大发展潜力的任务分派给苏珊，他信守了诺言。

约翰人很不错，苏珊在想，并且克鲁恩公司也很了不起。但事实上，她和南希从商学院毕业后已听到对杰斯汀多个版本的议论，以至于她们发明了“舒服综合病”一词加以表达。这两位朋友知道在自己公司和客户的公司中，有许多优秀的女性被忽视，个中原因与杰斯汀对苏珊的看法相似。杰斯汀曾经用“她使我们感到不舒服”或者“我们不敢肯定这个安排是否恰当”等理由阻止苏珊接手派尔蒙公司业务。

苏珊遇到这种综合病也不是第一次。例如，当她刚加入克鲁恩公司时，就有人提出这样的问题：她是否会让钢铁行业的客户感到“舒服”，因为客户方的那帮家伙“非常粗野”，结果为任命之事争吵不休。她是否能够和客户“合得来”？虽然有这种担心，苏珊最终还是被委派接手这项工作，最后的结果给客户留下了极为深刻的印象。

苏珊纳闷了，我们为什么就从来没有对“他”感到不舒服？她在克鲁恩公司晋升委员会工作的四年中，不止一次听说“那个”短语。很显然，舒服是某种形式的法律，但当人们说“他们与她相处会感到不舒服”时，它到底有何含义呢？她攻击性太强？她不是他们圈子中的一员？还是另有其他含义？

苏珊确信大多数男士还没有意识到舒服综合病。例如，就在一个月前，她比较喜欢的一位男同事打电话给她，就曾和她一起工作过的一位女同事的事征询意见。“我的客户正考虑把她安排在高级职位，你认为她是不是合适？”他问道。苏珊就开始历数起她的工作成就来，但她的同事打断了她。

“不，”他说。“情况不是这样。他们担心他们是否喜欢和她一起工作。”他停顿了一下。“你知道，”他说“这与迫害有何区别。”

苏珊大吃一惊，但她小心地隐藏心迹。她想，如果我想说明那种想法太令人讨厌了，自己也会成为那类女性——让他感到不舒服的女人。苏珊想起了父亲的话，父亲曾经是位战斗机驾驶员，也是苏珊和妹妹的坚决支持者。他建议道：“要想成功，你们这一代的多数女性就要学会在雷达底下飞行——前进但不能被发现，目的是继续发展。”这个建议一直困扰着苏珊：她坚信靠自己能成功。但年龄越大，她越能理解父亲所表达的含义。

苏珊的思绪回转到和布赖恩的事情上来，脑海里浮想联翩。她想，我是否应该和布赖恩一起把这件事平息？我可以让杰斯汀帮忙想办法处理，但那将意味着我不得不告诉他所发生的一切。而且如果我这样做，他会很恐慌。他可能会让我放手该客户的业务——为了避免把派尔蒙公司业务置于危险境地，他会不择手段，况且他晓得布赖恩现在是关键人物。如果布赖恩对我们心灰意冷，就别再想增加营业收入这档子事了，简直没门。如果调整我去负责其他客户，那我就要和奖金，而且不光是今年的奖金，说拜拜了。我将彻底葬送这两年在派尔蒙公司获得的荣誉资本。最终我就要另起炉灶，再做更大的牺牲才成。

"如果我告诉杰斯汀，他会很恐慌。他可能会让我放手该客户的业务。那么我就和我的奖金说拜拜了。"

苏珊自言自语，我知道杰斯汀的想法：如果我们早用唐·芬利(Don Finley)替代苏珊，根本就不会发生这样的事。但也许只是我胡思乱想，因为刚刚在上周，杰斯汀不是还说与派尔蒙公司的关系有很大发展，我功不可没吗？还有，上个月，他不是曾经和我开玩笑说我应该用今年的奖金买下海边的房子？他不可能因此事责怪我！

办公室的门打开了，助理走了进来。"你该出发了，否则会赶不上飞机的，"她说。

当晚，在返回纽约的飞机上，苏珊情不自禁地回想24小时内发生的事，认为真具有讽刺意味——自己遭受客户欺负，而自己从心底里却不相信老板或者是公司，不敢说出真相，更有甚者，随后我却花费整晚的时间和一群充满渴望的MBA的学生们神侃，告诉他们克鲁恩公司对女性来说是一家了不起的公司。这样的一幅情景错在哪里？

苏珊在商学院所作的陈述吸引了满屋子的学子，在晚餐时有两个人选给苏珊留下了深刻印象。这是苏

珊所喜欢的工作一部分：与青年才俊共事。克鲁恩公司衡量招聘成效的标准是看赢得的应聘人数占总参与人数的比例。过去几年间，克鲁恩公司尤其在女性应聘者心中赢得了地位。苏珊知道在此成功基础上还需要做很多事情才能取得期望的成功。只要是克鲁恩公司不想失去一位女性，苏珊就立马出击争取她留下。

苏珊疲惫地想，令人悲哀的是，克鲁恩公司实际上仅是一家比较适合女性发展的公司之一。她闭上眼睛。真是度日如年。

每当需要一个安静的地方谈话时，苏珊和南希总是选择苏雷尔(Soleil)咖啡厅。服务员送来了沙拉，她们接着昨天的话题继续谈。

“发生这样的事你有预感吗？”南希问道，“布赖恩是否把你压在身下片刻？”

“不，根本没有，”苏珊迅速回答道，“我的意思是说，我已经和那个家伙工作了将近两年，关系很密切。像这样在宾馆他房间里共同总结工作不下6次了。我想我们关系非常融洽。我的部分工作就是要让客户喜欢我，建立关系。不论是他还是我从来都没有轻浮举止。”

“所以你根本就不知道他要干什么？”南希问道。

“是的，”苏珊肯定地回答，但随后她停顿了一下。“然而曾经发生过一件非常有趣的事，”她猛然回忆起，

"当时我根本就没仔细想那么多,但或许——"

"什么事?"南希催促她快说。

"事情发生在那个晚上,我和布赖恩回他房间之前。我们和派尔蒙公司的一群人共进了晚餐,一吃完饭,布赖恩手下的一名规划人员就把我拉到一边。他说他很抱歉,因为他不能出席随后在布赖恩房间举行的会议。奇怪的是他随后所说的话,他问我,'你认为那样可以吗?'我记得当时我被他问得一头雾水。我的意思是,由于我所知道的这次会议的内容要比他多,他直接出席的理由似乎不充分,所以我感到他这么说叫人感到很奇怪。"苏珊困惑地看着南希。

"你曾否猜想这个规划人员掌握布赖恩的私事,而我却不知道?"她问道。"你是否想过他有过什么样的'绰号'或者坏名声?"

南希耸了一下肩膀。这种说法就连自己也百思不得其解。

苏珊把盘子推到一边。"这并不是说我从来没有和客户在他们的房间开过会——做这种业务,此类事情时刻都会发生。"她继续说道。"人们总是马不停蹄、夜以继日地疯狂工作,许多业务是在饭桌上敲定的,有时加班加点到深夜才完成。"

"是的,但如果尝试把那件事情告诉杰斯汀,"南希打断她的话,"他就会想知道你当时穿什么样的衣服。并且,更糟糕的是,他可能会考虑你在派尔蒙公司业务

上的成功是建立在这等勾当的基础上——”

“不要瞎说，”苏珊打断了她朋友的话。

“不说不说，但是不要太天真，苏珊。如果你告诉杰斯汀，他是否停止你在派尔蒙公司工作的事先撇开不谈。我敢说，他们每次评价你或考虑委派你新任务时，这件事都会在他们的脑海中隐隐闪现。这样的事可能永远不会被清晰说出来，但它无法被人忘却，它依然存在。”

“我想你是对的，”苏珊说。“这个陈腐的‘舒服综合病’露出丑恶的嘴脸，这次让我碰到了。”

苏珊的心思跳转到即将进行的业务总结上。“另一方面，”她继续道，“如果我不告诉杰斯汀发生的事，布莱恩一气之下废除了两家公司的业务关系，我将受到责罚。”苏珊停了下来。她考虑的问题超越了自我，范围更广泛。

“你知道吗？”过了一会儿她说。“这里是不是有更大的问题呢？我们两个都知道，和我们共事的大多数男士不会做类似布莱恩的事。他们认为那是错误行为。据我对派尔蒙公司首席执行官的了解判断，很显然他无法忍受这事，远不是担心会发生法律官司，还因为他是一个正派的人，有两个正在上大学的女儿，并且他想出人头地。”

“吃完了吗？”女侍者在着手清理盘子时问道。苏珊和南希示意吃完了。

“但是或许，”南希建议道。“派尔蒙公司更应该关注法律官司。我敢拿一百万美元打赌，认为这不是布赖恩第一次干这样的事。或许首席执行官真会停了这小子的职。”

“也许吧，”苏珊说到。“如果我们都对这种事沉默不语，或者我们假装一切正常，他怎么能（任何人怎么能）成为一位卓越的领导人？克鲁恩公司也会发生同样的事。或许约翰·迈克姆林也应知道。”

“你是什么意思？”

“唉，除了杰斯汀，我们执行委员会的同事都不错，只是他们不能一直盯着你来我往的关系。我不想成为一名道德高尚的人，我根本也不想向约翰透露半点风声，但我希望能找到解决良策，让它向积极的方面转化。”

“也许这件事真的太棘手，太难对付，”南希说，“你说得对。大多数人并不像布赖恩那样，但许多人会说，有什么大不了的？事情过去也就过去了。但他们不明白的是：说‘不行’很容易，但随后恢复和以前一样的关系并非易事。”

苏珊看了看表。“1点45分，”她说。“我最好快走。我和杰斯汀会面的时间到了，你也知道他很讨厌等别人。”

苏珊应该汇报此事还是假装什么都没有发生？……

吉列安·德比希尔

安东尼·P. 迪安烈亚

匿名人士

J. 威廉·考丁哈

弗里达·克莱因

吉列安·德比希尔

吉列安·德比希尔(Gillian Derbyshire)，Ez Foil公司的副总裁兼总经理，该公司是坐落于伊利诺斯州伊万斯顿的Tenneco包装公司的特殊包装材料子公司。

从一个层面看，苏珊·卡特的困境是和尚头上的虱子，明摆着。我们常常与客户或顾客产生摩擦，问题发生后，“收集客户信息，制定解决问题的行动办法”是显而易见的、符合常情的行动方案。

举例来说，假设克鲁恩公司的咨询顾问们对派尔蒙公司做过分析，但数据结论却使布赖恩·汉森不满意。布赖恩可能会在与派尔蒙公司领导开会时提出要求，咨询顾问应尽可能将这些数据调整到稍微积极的水平。对克鲁恩公司来说，这可能不是一个大问题。负责这项业务的合伙人将会据实从容回答，“在现有环境条件下，我们将会尽力保证数据的正面性和积极性。”

但设想一下，布赖恩要求咨询顾问用实质上会产生误导的方式来改变数据，就会产生大问题。负责这项业务的合伙人如果自行处理就十分不智。最好把这事交给同僚去做。此情此景,苏珊还要对客户的行为负责吗?如果此时公司领导再唱任何的传统核心价值观的老调,我深表疑虑。克鲁恩公司的领导层更有可能支持苏珊,拒绝向客户不道德的要求屈服。

照此逻辑,苏珊应把布赖恩·汉森之事向合伙人报告。这是一个商业问题,与其他商业问题同样对待。就布赖恩自己而言,苏珊至少有两个应对办法。一个是压抑自己继续工作好像什么也没有发生(有什么大不了的,之类),静观他是否收手不干,暗暗退却。毕竟,若此事曝光,他也会蒙受一些损失。第二个办法是,她应该和他谈一下并尝试体面地扭转局面:“我必须说,那天晚上你确实让我大吃一惊。如果你愿意,我们把这件事忘掉,我将会很高兴。”

但是,把布赖恩·汉森这个事件当作一个简单的商业问题看时,我们必须承认苏珊的处境拨动了一根深层的、更麻烦的“琴弦”。很明显,苏珊和她的密友南希认为这不是一个普通的商业问题。这两位女性都取得了明显的成功。苏珊是克鲁恩公司的合伙人,被选为公司领导层成员。许多人,尤其是年轻的女同事把她当成是行动模范。但是,许多处在苏珊位置的女性发现,成功需要资格和条件。

苏珊的复杂心情使我想起了最近听到的一项关于高层企业管理者的调查。男性被调查者普遍回答说感

到自己“被承认”是公司领导人。另一方面，女性则回答说感到自己仅仅“被容忍”为公司领导人。想象一下，这些女性如果“独腿”行走天下，采取各种措施向现实发出挑战或者吸引人们的注意力，她们有何感慨。想象一下吧，一个只是“被容忍”的人，坐在没有被授权的位子上，没有权力支持她履行领导责任，该是多么难受。

苏珊真正的困境就是：无论是不是喜欢，她都必须面对某些与自己和公司都有关系的某些基本问题，而公司是她发展自己事业的凭借。今天她的客户要她做自己根本不喜欢做的事，结果她认为重要的业务面临着风险。显然，她怕得不到自己的“合伙人”助一臂之力，实际上这正是讲明真相的时刻。如果苏珊打算继续被团队接受，她必须将布赖恩·汉森事件向领导层汇报。

但怎么汇报呢？苏珊意识到派尔蒙公司这项业务存在风险，她自己处理这件事的能力有限，这种感觉是对的。然而，如果苏珊与其他合伙人没有建立良好的人际关系，她根本不可能成为克鲁恩公司的合伙人。现在是她利用多年来建立的关系资源的时候了。例如，她可以去找约翰·迈克姆林或另一位支持她的克鲁恩公司的执行委员会成员，目的应是进行成熟、理智的对话，在不损害与派尔蒙公司业务关系的前提下寻求解决问题的办法。

但底线是：如果克鲁恩公司因为那天晚上在宾馆房间发生的事情，对苏珊态度恶劣、冷嘲热讽，那么她就知道什么东西对企业是重要的。另一方面，如果她已知道合伙人态度恶劣，那么她也就知道自己仅仅是为钱工作，不为其他。尽管我所知道的许多女性和少数民族人士对此类行径可以忍受一段时间，但随着时间的推移，她们就必须为公司的"背信弃义"付出高昂代价。她们离开大公司，许多人加入或者自己创办小企业，该类企业规模小，但常常创新能力却很强。这些企业中如果存在偏见和双重标准，则更容易暴露或者被根除。

但她们不是非得离开不可。大公司今天存在着巨大的发展机会：多样性受到尊重和重视的诚实环境正在建立。广义上看，多样性包括不同的思想、经验、种族、性别和年龄等。在这样的环境中，苏珊与布莱恩的遭遇将是一个简单的商业问题。她把这件事情公布于众没有什么可以担心的。如果想要保持工作环境的多样性带来的竞争优势，苏珊的企业和与此相似的企业就必须营造这样的文化氛围。归根结底，苏珊的故事不仅是有关她自己的也是有关她公司的领导能力、可靠性和诚实的故事。

安东尼·P. 迪安烈亚

安东尼·P. 迪安烈亚（Anthony P. D'Andrea），新泽西莫里斯顿朗讯科技公司的理财主任。他之前在 AT&T 公司也做同样的工作。

苏珊左右面壁，受到两面夹击。她的事业之所以取得成功是因为她做事正正经经，规规矩矩。她明白，重要的是自己不要让男人感到“不舒服”。但我认为她已经到了不必再抱有任何幻想的地步。

哪怕只一次，她必须做的就是让男上司感到“不舒服”。苏珊必须将布莱恩·汉森的事告诉克鲁恩公司的领导。如果她不这样做，那么舒服综合病带来的问题将永远会没完没了。问题是，苏珊对自己有信心吗？她会不会受薪水的奴役而不愿意承担说出真相所产生不利的后果？

必须承认，苏珊落得这等地步非常不公。为什么非得是她不得不去冒风险？但无所作为更糟。苏珊若不寻求纠正办法了结此事，她从此将再也无脸直面新员工。更重要的是，她直面自己时会心烦意乱。这项挑战与玩办公室政治无关，而与苏珊身为人应具备什么样的本性有关——与人格完整性有关。

然而，采取什么样的解决策略非常重要。苏珊的老板——杰斯汀·皮尔对派尔蒙公司业务只有一个目标：确保该业务的滚滚财源。要解决问题，他是最大的拦路虎。苏珊如果说给杰斯汀听，很可能他会很慈爱地表示同情并说些她希望听到的话，然后当作什么事也没有发生，无为而治。或者，同样糟糕的是，他有可能与克鲁恩公司的总裁约翰·迈克姆林联系，转告此事。转告的信息非常有可能被过滤过，并添油加醋，充满不实之词。

苏珊需确保传递的事件信息绝对清晰准确，她应当建议召开由杰斯汀和约翰参加的碰头会，他们两位男士需要同时、直接地从苏珊口中获得同样的事件信息。可以想象，当交谈开始后，杰斯汀会在椅子上扭来扭去，约翰也会对此不甚感冒。但苏珊的策略就是迫使他们采取行动。

苏珊可能会不得不自己提出要求不再管该客户。这是另一个不公正，但它可能是苏珊在克鲁恩公司继续卓有成效地工作的唯一办法。怎么对派尔蒙公司及其首席执行官说呢？如果一个公司领导人不知道自己企业发生的事，苏珊告诉他如何做自己该做的事，这是对的。话虽如此，她还是不要逾越雷池到客户的阵营里指手画脚。事件后果太复杂、太困难以至于无法应付。然而，约翰·迈克姆林似乎是与派尔蒙公司的首席

执行官展开建设性对话的最合适人选。

苏珊应认识到她对企业的贡献超过公司给她的回报。她工作很出色，其他人有目共睹。她手中有“牌”可打，现在打正是时候。苏珊应表示出想离开公司的意愿，有必要的话到竞争对手那里任职。她必须下定决心，不再优柔寡断。她必须坚决果断，不要等大难临头再临时抱佛脚，寻找破解良策。

匿名人士

如下评论是匿名提交的。撰写者是一家消费品公司人力资源管理女性副总裁。

我对苏珊的忠告是：不要失去理智，要心静如水。那么我的意思是让苏珊到法院告布赖恩，试图把他赶下台吗？恰恰相反。我的意思是让她无为，继续与命运抗争。

幸运的是，苏珊极为明智，洞悉自己的处境复杂得像一团乱麻。布赖恩·汉森的问题是：他显然无法控制自己的冲动。然而，处在苏珊位置上的人常常发现，如果她不处处小心，他的问题将迅速地转变成她的问题。实际上，已经发生了这种转变。原因就是：布赖恩是客户——一位男客户。这个世界是男人的世界和客户的世界。换句话说，现在苏珊做任何事情都不会让她比布赖恩扑向她之前日子更好过。这让人泄气，感到窝囊，这不公平，不合理，但却是现实。

苏珊是不是应到法院控告布赖恩，并试图把他赶下台呢？恰恰相反。我的意思是让她无为，继续与命运抗争。

现实生活中，美国公司中充斥着怨恨和害怕女性和少数民族的经理们，确信这些人在等待时机，随时准备用性骚扰或者歧视之类的小辫子控告公司。苏珊的经历也许更有代表性：一名女性感到震惊，这事会发生在自己身上，但又不知所措，困惑不已。更重要的是，她一次也没有提到聘请律师介入的可能性。看来苏珊对商业游戏规则相当熟悉，因此也看得透。打官司除了长期失业外自己什么也得不到。

更可以理解的是，苏珊担心此事可能会带来更大的社会问题。她亲身感受到（她和她的朋友南希所说的）"舒服综合病"的厉害，沾上它，许多女性想取得事业上的成功比登天还难，那些接近公司上层的女性更是如此。那么她应该怎么办呢？

从我 20 年的职业生涯的经验来看，如果苏珊试图将此事公开，她当然极有可能被开除。南希认为这种处理方式天真，她说对了。是的，如果每人都意识到人们的看法是女人升迁路上的绊脚石该有多好！但是，与布赖恩·汉森的事件真是搭错了车，正像南希正确意识到的，它太棘手，太难对付。围绕性骚扰提出的诉讼请求（以及该案例在公司内部惹起的情感反应）将转移人们的注意力，不再关注苏珊真正要揭露的核心问题。她的企业、她的客户还有她的老板，统统都会认为枪口对准了领导。在这样的压力之下，谅解不会发生。

因此，分析的结果是苏珊除了让步没有其他选择。她应该开动脑筋，发挥自己的聪明才智和直觉反应，正是依靠这些东西自己才能取得如此成就，自己判断合适的时机让人们思考他们提出“她是否合适”的问题到底有何含义。如果这次亲身经历真能唤醒她认识到性别歧视的现实存在，那么她应该把教训永存心间，继续保持充沛的战斗力。

最后，只有当女性在合伙企业和客户企业的高级经理中占很大比例，苏珊期望的社会变化才会发生。为了报布赖恩无礼侵犯之仇，这是她必须想办法达到的目标。她应该继续领导企业雇用和留住有助于扭转乾坤的人才。当她按此目标行事时，要向女性新人吹嘘自己的企业，不应该认为这样做诚实心受到折损。按如下的话告诉她们，“克鲁恩集团在许多方面表现卓越，你们来了后，会表现得更卓越”，这是事实。苏珊应吸引那些能改变公司命运的新人，她们能让“舒服综合病”永远地变成文物古迹。

J. 威廉·考丁哈

J. 威廉·考丁哈(J. William Codinha)，马萨诸塞州波士顿 Peabody & Brown 法律事务所起诉部主任。他为多家大公司的性骚扰案提供了辩护。

在当前商业经营环境中，对于类似布赖恩的恶行，人们的忍耐已经到达极限。不仅粗鄙和残忍，而且违法：按大多数州的法律，“不被许可的触摸”就被认定为侵犯人身和殴打。

苏珊可以选择自己与布赖恩了断恩怨，要么与他单独理论，要么漠然置之。两种方法都有可能不管用。第一种方法可能会引起一系列的事件，造成好像是她而不是布赖恩有问题的后果。例如，苏珊与布赖恩私下相遇后，布赖恩然后就可能公开自己的事件版本，先发制人，逼迫苏珊接受公众的“审判”，审判的依据是闲言碎语和无中生有的材料。在随后的混乱中没有胜者：苏珊不能，克鲁恩公司不能，世界上与布赖恩打过交道的其他女性也不能取胜。而将此事深藏不露，苏珊有可能纵容布赖恩再试身手，这种情况她却不愿再发生。

另外一个选择是：苏珊报告当地警局，控告布赖恩犯下侵犯人身和殴打罪。这种策略好像也不会取得满意效果。苏珊马上就会因巨额律师费而债务缠身，并且落下"极端分子"或者"麻烦制造者"的新名声。

苏珊应该做的是写出正式报告，让克鲁恩公司和派尔蒙公司的当权者知悉内情。从我的经验来看，这种处理策略是最符合她个人利益的有效办法。

像克鲁恩这种规模的公司都有处理性骚扰问题的有效政策。苏珊应该研究克鲁恩公司的政策，看看是否涉及客户对雇员进行性骚扰的问题，还要看一下保护措施是否惠及合伙人。从法律和道德观点看，应该惠及。但也有些公司，合伙人作为所有者，得到的保护相当有限。

苏珊研究政策之后应马上让克鲁恩公司执行委员会的主席知道事情经过。拖延就会冒着给布赖恩机会的风险，他可以声称苏珊预料到克鲁恩公司与派尔蒙公司的业务关系会发生变化，因而想用奇技淫巧改变形势。苏珊呈给主席的备忘录应仔细描述事情的来龙去脉，详列目击证人名单，这里可以把布赖恩的"规划人员"和苏珊的朋友南希列上。与主席见面时，苏珊应要求他向派尔蒙公司的执行委员会主席提出正式控告。

克鲁恩公司的执行委员会主席提出控告时，应强调克鲁恩公司和派尔蒙公司的工作关系非常重要，克鲁恩公司希望继续保持。然而，他必须说明克鲁恩公

司希望对方给予答复。他们应该用合适方式处理布赖恩。有趣的是，派尔蒙公司实际上可能很欢迎布赖恩的信息被反映上来，因为该公司很有可能正因为他的另一些类似的过错想处理他。或者公司可能非常重视这个信息，这样就避免把布赖恩安排在他很可能招惹不必要麻烦的岗位上。

苏珊与克鲁恩公司的主席谈话后，从策略上讲，马上与杰斯汀沟通讨论是明智的做法。虽然不太可能，她也应设法与他结成联盟。如果事实证明（类似事件经常如此）布赖恩对公司内外的其他女性也有同样行径，杰斯汀对苏珊怀有的怨恨最终会烟消云散。

当然，对苏珊来说，最简单的解决办法是假装与布赖恩之间什么事也没有发生。因为，毫无疑问，捅露此事后，与布赖恩见面时会感到尴尬和不舒服，甚至会发生对抗。当然，最简单的解决办法不是最好的方案。法律清楚无误地支持女性保护自己不受违反自己意愿的性骚扰和触摸的伤害，并要求公司采取对策和措施对此类行为进行打压和处罚。

苏珊有责任——为自己也为他人——行使赋予自己的保护权利。派尔蒙公司有责任对布赖恩做出适当处罚。克鲁恩公司，包括杰斯汀在内，有责任做出正确决定，把保护其员工的利益放在首位，而不是优先考虑任何一项具体业务，不论该业务的利润有多么丰厚。

弗里达·克莱因

弗里达·克莱因(Freada Klein),马萨诸塞州波士顿克莱因公司(Klein Associates)经理,该公司主要业务是公司发展和人力资源管理咨询。她自七十年代以来一直从事歧视和多样化问题的研究工作。

苏珊无法获胜。如果她说出来,当然要损及自身发展。如果她保持沉默,就要伤及个人的正直感,更别提为千千万万名工作的女性姐妹伸张正义了,她们每天都要同或名或暗的性骚扰作斗争。但是要求一名清白的人充当殉道者是太难了。苏珊本不应该为布赖恩的行为付出代价,然而不管她采取什么类型的行动都要付出代价。实际上,这个悲剧给我们唯一的有益启示与克鲁恩公司有关:这是一个公司如何不过问性别问题的绝妙案例。

苏珊深陷困境,并向企业外的好朋友寻求解决之道,这样的事实说明像许多其他专业服务企业一样,克鲁恩公司对员工与客户打交道时可能产生的性别问题漠不关心。我们对这些企业所做的调查显示,大约有

1/3 的女性合伙人报告说她们在前一年受到过令人讨厌的性挑逗，这些行为的始作俑者包括男性客户、男同事和高级男合伙人，按比例几乎平均分布。就苏珊的经历而言，不同寻常的唯一之处是骚扰者在升级为身体侵犯之前并没有言语上的挑逗行为。

通常，不向遭受性挑逗的女性雇员提供帮助的专业服务公司还会有其他方面的特色。例如，克鲁恩公司的人力资源职能部门大概只负责处理员工配置问题，合伙人委员会处理其他人事问题——很大程度上局限于员工招聘、补偿金标准和合伙人的甄选事务。毫无疑问，克鲁恩公司有处理性骚扰的规章制度；极有可能非常简单，设计的目的是尽可能不与法律规定一致，也不涉及特殊条件下产生的问题，例如来自客户或第三方的性骚扰。可以肯定地说，规章制度几乎只是一个伸冤和调查程序，这一程序一旦启动，苏珊也就失去了对它的控制权。企业领导将决定她是否还能同客户保持联系，是否会被委派到另一家重要客户。换句话说，他们将为她的事业发展画定框框。

因此，毫不奇怪，研究表明，像克鲁恩这样的公司只能知悉性挑逗案件的 5%—10%，在这些案件中其合伙人或者员工感到遭受了令人讨厌的性挑逗。其他的 95% 的案件采取了类似苏珊的办法：置之不理或者加以掩饰，希望它不暴露出来。

克鲁恩公司在其他方面也是专业服务企业的典型

代表。一些实权派合伙人习惯于在上班时喝过量，导致行为不端，与夏季实习生的关系尤甚。有些高级合伙人习惯于与比他们年轻的女性约会。有不少人与他们在公司遇到的非常年轻的女性结第二次、甚至第三次婚。这些女性的绝大多数随后回家待在家里照看孩子。小组会议或者在走廊里的聊天常常穿插着合伙人对女性客户的描绘，用词有伤大雅，如母狗或婊子之类，或者就身体的特殊部位的吸引力说三道四。女性员工自曝的性骚扰案少得可怜，公司处理这些案件时注意的只是控告者和被控告者对企业具有的相对价值；一些男人受到警告，一些女性拿钱离开公司，并被命令不准胡说八道。

克鲁恩公司有限的几名女合伙人不可能团结起来给予其他女性高度的支持。如果她们的情况与其他专业服务性公司女性合伙人一样，那她们恐怕只有半数是已婚（而男性合伙人 90%以上都是已婚）。有些人相信他们在生活中不得不做出艰难选择，几乎无法忍受年轻女人的“哼哼声”。当然，其他人对女性（对有色人种、男女同性恋者）抱有系统性的偏见，在企业员工招聘、人员配备、人员评价和开发、晋升以及客户态度上处处设卡。

造成苏珊困境的不是一个精神变态的客户，而是一个各种微妙力量结成的网。克鲁恩公司没有罪恶的阴谋：公司的绝大多数合伙人对此问题只不过视而不

见而已。企业的成功建立在奖励很少几种技能和价值的基础之上：它希望员工表现出严谨的分析能力和计算能力，全力以赴地为客户服务，只以他们对客户和企业的业绩做出的贡献评价工作绩效。公司并没有对员工的伤亡或者人员成本进行量化计算，例如员工要忍受非凡的待遇或者个人和家庭生活质量因工作繁忙而降低。员工离开时，他们被看成是不适合工作者或者不具备足够的才能取得成功。

如果克鲁恩公司对性别问题缺乏管理，最好怎么办？公司如何才能为员工创造文明的环境呢？

首先，公司应该制定针对性的规章制度以处理类似苏珊遇到的困难，即针对特定的商业环境制定。企业应该有处理问题、解决申诉的正式和非正式渠道。企业应根据员工差别提供量身定做的敏感性训练。应该具有监视和感应机制，这大概包括调查企业—客户小组会议中的关系包容性和排斥性，对员工展开系统性的匿名调查，让他们报告自己遭受的骚扰和歧视案件，评价合伙人对这些问题的敏感度（在正式的业绩评价期间进行）。最后，企业高级合伙人应该坚持一贯的作风保持政策的连续性，任何人都概莫能外，甚至对神通广大的天才也不行。

然而，经验表明，强迫企业处理事关偏见、性骚扰和歧视的问题会引发危机。苏珊可以认为应该促进危机的爆发。这是个人的决定。如果她决定这样做，她应着手重新编写履历。她着手找下一份工作时，应该仔细甄别未来的老板，不仅要弄清女性合伙人在企业中所占的比例，还要弄清企业的实际指导原则、政策和习惯做法。

具有讽刺意味的是，如果苏珊被挤出克鲁恩公司，企业最终反而从她挑起的“不愉快”中获益，逼迫它学习如何公平高效地处理性别问题。在随后的几年时间里，像苏珊之类的优秀女性就不必离开了。优秀女性加入公司，她们发展的根基更加稳固。苏珊不能前来摘取胜利果实难道不太遗憾了么！

案例二

员工冲突与歧视有关？

杰弗里·C.康纳

案例提要

霍普·巴罗斯(Hope Barrows)是福乐·芬顿(Fuller Fenton)国民会计公司的一名合伙人，星期天开车到公司去，进入车库时刷了一下通行卡。她注意到另外一辆车没刷通行卡就尾随她开进来。霍普注意到司机是个男人，但她并不认识。为自身安全考虑，她走下车要看那人的证件。

迪隆·约翰逊(Dillon Johnson)，同一家企业的助理，风风火火去见同事，共同评估客户档案材料。看到车库门开着，就径直开进去。让他百思不得其解的是，前面的车却停下来，下来一名女司机，向他走来，要看一下他的身份证。他感到自己因是一个黑人而受到不公平盘问。霍普是白人。

现在是星期一，负责公司管理的合伙人杰克·帕森斯(Jack Parsons)被电话淹没了。公司似乎被分成两大愤怒的阵营。有些人投诉说企业存在种族歧视；其他人感到愤怒，认为女员工被搞得没有安全感。有一点是清楚的：这件事只是冰山一角。

杰克常常认为福乐·芬顿公司对差异性的心态是包容的，但迪隆和公司的其他非洲裔美国人

案例提要

的经历却说明，这不是事实。事实上，杰克知道，得克萨斯州一家保守的企业把迪隆“炒掉”，原因是害怕客户反对。杰克试图让员工冷静下来，但他不知道下一步怎么办。四位评论员针对本虚构案例提出建议。

杰克·帕森斯放下电话，用手指压住太阳穴。从担任福乐·芬顿公司东北办事处的管理合伙人以来，这已不是他第一次遇到危机，但本次特别显眼。该公司是一家国民会计公司。这是他接到的第11个电话，内容都是关于昨天霍普·巴罗斯和迪隆·约翰逊之间发生的事。他们两个工作勤勤恳恳，对企业做出很大贡献。他确信接不完的电话才刚刚开始。每个来电者都十分不安。现在明白清楚的事是：各方都不愿意让步。企业员工，或者说杰克手下的所有员工，似乎分化成两大阵营，都有一肚子的火。

他回想起那天早晨7∶30接到的第一个电话，是前晚上与迪隆谈话的助理打来的。“我一直怀疑本企业具有种族主义味道，戴着‘优秀’公司的假面具，”打电话者向他抱怨说。“这让我讨厌透了，不只我这样对你讲，其他许多人也会这么说。我们不想在充斥着种族主义意识的环境里卖命。”

他接的最后一个电话同样充满火药味，但支持方向完全相反。打电话者是一位女性，杰克与她相识多年。“这事根本与种族问题无关。一点关系都没有！”她几乎喊叫起来。“如果一位妇女在自己公司的停车库里不能感到安全，那才是真正的悲哀。”

故事情节相当简单，基本事实没有争议。霍普，这位福乐·芬顿公司的合伙人，为提前进入一周的工作状态，星期天下午到公司加班，她经常这样。她抵达停车库，刷了通行卡，打开外门。当她驾车到内门时（上班时间的安全控制线，期间车库门开着），此时，迪隆在外门向下滑落时把车开到外门下。于是霍普把车停在门口，没有不刷卡，下车径直朝迪隆走过来。她询问他是什么人，是不是本大楼的人。迪隆告诉她自己是福乐·芬顿公司的助理员。霍普要求看迪隆的身份证，他拿出来让她看。霍普为此感谢了他，回到车内，把车开进车库。霍普是白人，迪隆是黑人。但不知怎么的，这种微不足道的小事产生了巨大的威胁，要把公司撕成两半。

时间才刚到星期一下午。当然酝酿加热时间还不太长。杰克使劲地压住自己的太阳穴，发出呻吟声。迪隆已经在下午5点（太平洋时间）从旧金山给他打来电话，他前晚飞到那里约见客户，他一夜几乎没有合眼。他愤怒异常，震惊万分。就他而言，他说这件事是公司存在种族偏见的证据。从杰克接到的电话内容判断，公司的绝大多数非洲裔美国人都赞成这种说法。

杰克要求迪隆准确告诉他事情经过。迪隆说他正在健身俱乐部苦练，这时手机接到了同事肖恩·丹尼尔斯（Shaun Daniels）打来的电话。两人约好下午晚些时候在办公室见面，评估迪隆的旧金山客户档案。肖恩要求提前见面，因为他必须在4点前去一个地方。迪隆对肖恩同意在星期天见面感激不尽，他晓得他们俩要一起工作好几个小时，所以他就快速地离开健身俱乐部，开车到办公室。

他开车驶上福乐·芬顿公司停车库的引道，前面是一辆红色的沃尔沃车。轿车好像恰好在门口停下。“我记得当时我想，‘怎么这个人刷卡花这么长的时间？’”他告诉杰克。“随后我想‘我的卡呢？’，我就在放在副驾驶座上的衣服堆里翻找钱夹。”

“然后门开了，沃尔沃车开进去，我甚至连想都没想，就随着进去，”迪隆继续说。“然后车又停下来，我想，‘怎么啦？’我就试图看看车里是什么人。我看到一位妇女，正透过后视镜看我。因此我招手示意，然后等待着。”

“她走出车门，向我走来，并问我是否在这个大楼里工作。我说是的，她要看我的身份证。我认出了她，以前在大楼里见过她，我不知道她的名字。”

“我很迷惑。我不知道啥地方出问题了。随后我明白了，由于刚才尾随她进入车库，她把我当成罪犯了。我是黑人，她是白人。公司里的绝大多数人都是白人。她心里就是这样想的。”

“随后发生了什么？”杰克急切地问。

“我把名子告诉她，”迪隆说。“我找到钱夹向她出示了身份证。但是，杰克，我不得不告诉你，那时我所能想到的是，皆因当黑人惹的祸，所以我感觉自己是公

司的局外人，这还不是第一次。我签约进入公司时，听到不少议论，说福乐·芬顿公司正彻底改造自身，变成一家吸纳各种各样的人、兼收并蓄的企业。但经历告诉我情况恰好相反。”

“我到这里上班的第一周，我放在桌子上的结婚照被一位行政助理看到。看起来她非常惊讶，然后说‘你妻子的肤色很浅呢。’”

“我笑了，说‘艾米是白人’，但我看到的是什么呢？她不以为然，好像很不高兴。”迪隆的声音变弱。然后说，“我晓得我让她下不来台。她是位年龄较大的助理，在这里工作好长时间了。但我的话刺痛了她，自那以后她就不直接和我说话了。”

他又停顿了一会儿。杰克等着。“那是鸡毛蒜皮的小事，”迪隆说。“四个月后的今天，你还记得我加入一个团队准备为那家得克萨斯消费品公司服务的事吗？我被选中，然后‘被拿掉’，前后只用 48 个小时。实际上，只是到昨晚，我向一位同事就此事发泄不满时我才恍然大悟，那个团队的领导是担心一张黑脸蛋会把客户赶跑。”

杰克摇摇头，当然，迪隆看不到他，但是他的回答好像说他看到了。“杰克，我晓得这是事实。这个家伙可能有道理，那个客户是思想极度保守型的公司。可是，如果咱这家公司严肃对待种族差别，他还会那样行事吗？我想这样的公司不是我的选择。当然也不是我要长期为之工作的公司。”

杰克晓得他提到的这件事。事实上，为了迪隆受到的这种对待，他还和合伙人吵起来。他当时希望只此一次，以后不会再发生了，为了避免此类事件，他会有办法。

“昨晚，我给四五位同事打电话，”迪隆接着说，“我问他们我是否在瞎猜。他们都回答说‘不是’。杰克，这次不弄个水落石出就不能算完。”

杰克向迪隆保证自己将尽力解决。他告诉迪隆他是一个非常重要的雇员，他将深入调查此事，大家共同努力加以解决。他放下电话立马呼叫霍普，给她留言，让她过来一趟。

“我很早就想给你打电话，”霍普走进杰克的办公室并说。“我听到许多关于昨天发生的事情的闲言碎语到处传播，我不得不告诉你，我为之震惊——震惊得不得了。我让他出示身份证，绝不是因迪隆·约翰逊是黑人。我之所以这样要求是因为我感到那人尾随我进车库，他自己好像没有通行卡。”

“我只是为我的安全考虑，”她说。“他也许是白人或者紫色人，我才不管呢。我想我被抢劫或者强奸的可能性太大了。要求看他的身份证件，非常公平。”

霍普深吸了一口气，开始从头讲述发生的故事。她解释说，她经常在星期天到办公室来。她喜欢安静，

能完成很多事。她晓得其他一些人至少也这么想。因为她在停车场里有时看到其他车辆，她也时常看到人们进进出出。

但是她不认识迪隆的座驾，也不认识迪隆。"杰克，他在想什么？"她气愤地问道。"在公司里，我不是一个木头疙瘩，缺乏敏感。当我打开车库门，迪隆·约翰逊立刻开车尾随我进来时，丝毫不注意我，满不在乎。说实话，如果有个男人，或者任何人，逃避安检设施尾随任何一个女人进入空荡荡的车库，她都会认为自己容易受到攻击，受到潜在胁迫。这个他难道不知道吗？为什么他不再多等 15 秒钟用他自己的通行卡呢？"

"告诉你，我实在不应该下车，"她自责道。"我直接呼叫保安该有多好！但是，那时我想，'如果我进入深深的车库周围没有一个人相助，就有可能置自己于险境。现在就直面应是比较好的解决办法'。"

"给你说实话，当时我还想到我的两个朋友被抢劫的事。一个发生在停车库中，另一个发生在地铁的站台上，两个人都没有被打伤。哦，我的朋友爱丽斯在试图挣脱地铁打劫者时扭伤了后背，但很容易摆脱了，这是原因之一。我当时还想起两年前的此时此刻丈夫告诉我的话，那时我开始星期天到公司来工作。他要求，在进入空荡荡的大楼时必须确认是否安全，要我随身带手机。"

霍普停顿一下，接着说，露出微笑。“当丈夫说这话时我还笑他，”她说。“他在曼哈顿长大。”她的笑容消失了。“我下车时手里确实拿着手机，”她说。“我按了911，手指就放在发射键上。”

“我确实不认识他，”她又说了一次。“我也不认识他的车，他穿着T恤衫，确实这无关紧要，星期天这里的人都不注意打扮，可穿T恤衫的人却凤毛麟角。在某种意义上讲，我下车前确实感到自己有点傻。我的意思是，我在告诉自己，管他是谁呢，自己只管进去工作不就得了，如果懒惰一点不去检查他的证件不也很好吗？但是恐惧战胜了愚蠢。”

“我这样做根本不是——根本不是出于种族偏见。杰克，你就等着瞧吧，这个家伙包藏祸心，他想把屎盆子扣到我头上。我确实有点害怕了，真的。”

杰克听着，在会面的结尾，他告诉霍普他将考虑采取什么措施。他说，明摆着，他和迪隆应在同一个房间里坐下来讨论这个问题。他说安排好了会面就告诉她。同时，告诉她说，他的确明白了她的想法，不必再为此担心。

上午的其余时间和下午的上半晌，杰克完全被愤怒的电话淹没了。他也打电话到人力资源部，要求迪隆一旦从旧金山回来，就立即在星期三上午10点召开由霍普、迪隆、他和地区人力资源部主任参加的会议。

他只是希望直到会议召开前他能够控制住局势。当然，他还要接听电话尽最大努力使人们冷静下来。但是他还能做些什么呢？就这种事，他在会议上能做些什么？

杰克下一步怎么办？……

罗宾·伊利

弗纳·迈尔斯

约翰·博吉亚

珍妮特·米勒德

罗宾·伊利

罗宾·伊利（Robin Ely），波士顿哈佛商学院访问副教授，来自纽约哥伦比亚大学国际和公共事务管理学院。

种族歧视和女性歧视上的指控会发生冲突，而且经常发生冲突。造成的结果十有八九就是我所称的“压迫奥林匹克运动会”——为了谁受伤害最深、是种族歧视的受害者还是女性歧视的受害者而争来争去。

如果霍普·巴罗斯不知道男人常常对女人施加暴力，她是不会感到害怕的。如果迪隆·约翰逊不知道白人对黑人，尤其是黑人男子看不顺眼，抱有成见，看不起他们那么他也不会感到受到了侮辱。问题是，谁的诉求最具有合理性？大家如果为此掀起一场争论，那么事实上永远没有建设性，于解决问题无益。

因此，当霍普和迪隆展开对话时，杰克要尽量转移他们的注意力，离停车场越远越好。他要坦率地承认存在着潜在推动力量，以至于各方相互指责，动了真感情。他应帮助每个人理解对方的行为和反应。但是杰克最应该集中精力，重点解决面临的主要问题。

很清楚，发生在停车库里的事要比发生在两个人之间的冲突严重得多。公司其他员工对此事的反应——或支持或反对——表明企业文化存在着种族紧张关系。更有甚者，迄今为止，就种族问题在企业中所起的作用问题，公司的黑人和白人合伙人的认识不但观点迥异，五花八门，同时很明显，他们也没有进行过讨论沟通。杰克应该把此事当成催化剂，在整个企业范围内采取行动。

很清楚，发生在停车库里的事要比发生在两个人之间的冲突严重得多。公司其他员工对此事的反应……表明企业文化存在着种族紧张关系。

为此，首先他必须与霍普和迪隆见面，向他们说清楚，他要把这件事视为公司存在更大问题的征兆，他想解决这个问题。然后他鼓励一方向另一方无拘无束地讲述自己的切身感受，交代清楚经历此事的历史背景尤其重要。就霍普来说，讲述内容包括身为女人的经历，自己知道的男人对女人施暴的种种事件，说明自己害怕合情合理。就迪隆而言，内容包括身为黑人的经历，自己或其他人的经历使他认为白人可能据其对黑人抱有的消极看法行事，说明他的关切也合情合理。

如果霍普和迪隆都能认识到在特定的环境条件下对方的行为都有情可原，他们就会停止责备和辩论谁是谁非。

下一步，杰克应实施组织干预措施。可以从调查着手，调查不同种族和民族的成员在企业内部对工作和相互关系的感受。随后，再与员工进行一系列有益的对话，告诉他们调查结果，并在不同种族内部和相互之间展开讨论。

为保证这种组织活动顺利进行，杰克和其他高级管理人员必须向员工交代清楚，企业允许和鼓励员工讨论种族（就此而言，包含文化背景差异）在企业发挥的作用问题。员工应该公开讨论切身感受，共同分享心得体会。最后，他们应该抓住每个机会把上述成果与组织工作联系起来。目的是证明，如果员工之间建立融洽的种族关系，能学到很多经验和知识，并能进一步加深员工之间的融洽关系，采取这种方法，企业就能组建一支高效率的工作团队，促进企业的使命得以完成。

让我把组织活动说得清楚些。这样做，首要目的不是让白人学会在与有色员工打交道时如何谨小慎微，也不是让有色员工学会对自认为微不足道的事忍气吞声，以避免被白人开除。更不是让福乐·芬顿公司保证这种事不会重演（在上述方面很可能都会有所收获）。目的是，在发生这样的事情时，让全体员工学会如何坦诚地、建设性地谈论这类事情，而尽量少带辩解、指责和主观臆断。毫无疑问，在像我们这样的文化环境中，不管人们有多敏感或者麻木，都会发生这样的事情。

弗纳·迈尔斯

弗纳·迈尔斯(Verna Myers)，弗纳·迈尔斯公司(Myers & Associates)老板，该公司是马萨诸塞州牛顿市的多样性管理咨询企业，专门向专业服务组织提供咨询服务。

杰克会感到纳闷：一个富有朝气、工作认真和胸怀宽阔的年轻黑人为何在一件看似无关紧要的小事上甘冒顶撞管理合伙人的风险？通常情况下，当人们到达与管理合伙人对话的地步时，有些事情就确实不正常了。

杰克应该认识到，霍普的一桩小事是压倒迪隆的最后一根稻草。一系列的小事，或者“微小的偏差”，有时与更大的、更喧闹的偏见事件一样严重。它们造成被排除感，使人感到独立无援，使人们很难对其组织全身心奉献，增加的心理负担将会影响工作。杰克不仅需要对付这件事，还要对付由此引发的更大问题。

星期三的会议应有助于让迪隆和霍普了解对方做事的感情、思想和经验背景。他们不需要就发生的事达成共识，但他们确实要自觉换位思考。（就种族偏见引起争论问题，杰克的人力资源部职员若缺乏举办讨论会经验，他就要请有经验的人来。经验丰富的调停人能够确保每个人在不受干扰和责备的情况下讲述自己的感受。）

霍普需要倾听迪隆的故事：他有许多次感到受到侮辱，因为自己是黑人。他因为这件事对工作环境产生了什么样的看法。迪隆要告诉她自己是如何被从得克萨斯团队中开除的。霍普需要把她那被抢劫的女朋友的事以及丈夫的关心告诉迪隆，他需要倾听一个女人在只身一人、易受攻击的情况下的感觉。我猜想，霍普将感到，她对迪隆做出的某些反应建立在社会对黑人男性的种族歧视基础上，是多么的匪夷所思。问题能够得到切实解决有赖于一方是否愿意听取对方的解说，并仔细思考她或他自己的设想。

除会议之外，杰克需要评估自己企业存在的种族偏见程度。他首先应该与迪隆和其他非洲裔美国人对话，例如这样说："我确实被今天听到的事搞得不知所措。我相信确实有问题，但是，我需要从你们这里得知在公司工作有何感受？"

然后他应该把来自不同职能部门和不同级别的人组织起来，形成种族混合的小组仔细分析福乐·芬顿公司的管理制度和经营活动，会议小组可大可小，正式和非正式都行。这些管理制度和经营实践是不是加强或者设置了（或隐蔽或公开的）障碍，影响非洲裔美国人

和其他有色人种员工的录取、留用和升迁？

该多样性管理任务小组应提出企业文化改善建议，例如，建议企业为人们诚恳地讨论种族歧视和其他不同看法创造机会。讨论取得成功的前提是杰克公开坚持认为它是企业健康和持续发展的关键。

要根除种族歧视或者避免鸡毛蒜皮的小事发生，企业根本办不到。但是它应建立一种与企业目标相一致的制度，为报告和解决问题建立畅通渠道。

当然，我无法确定杰克能否担当重任。他是否愿意冒这个风险？为此安排时间或者分配必要资源？他是否了解种族歧视在人与人、机构和社会层面的运作方式？他在得克萨斯队团上的无所作为使我相信他在应对种族歧视问题上心存偏见，缺乏技巧，或者缺乏直面问题的勇气。如果确实如此的话，我对他要说的话仅仅是，"杰克，你说你需要一个多样化和包容的组织，那么你愿意为此做哪些工作呢？"

最后给迪隆一个建议。如果迪隆感到杰克对他的反应想息事宁人，他就很难下决定——是与自己熟知的魔鬼共眠或者转到他不知道的魔鬼那里呢？他需要好好地研究一番，因为除去他们的谈话不考虑，很少有大型会计管理公司雇用比较多的有色员工，或者在雇员的差异性方面比福乐·芬顿公司做得更好。企业并不希望有非洲裔美国人，不希望牵扯到种族歧视问题，这是现实。不管迪隆是走还是留，他需要创建一个由那些能帮助他渡过难关的志同道合的人和贤明人士组成的跨种族支援网络。

约翰·博吉亚

约翰·博吉亚(John Borgia)，过去5年一直担任西格拉姆公司(Seagram Company)人力资源副总裁。此前他在百时美施贵宝公司(Bristol-Myers Squibb)工作25年，在运营、财务和人力资源岗位上都富有经验。

如果杰克怀有如下想法我将不会感到吃惊："我希望霍普在查看了迪隆的身份证后，表露出想说些比'谢谢你'更多话的心情。希望她说些如，'噢，咳呀。很高兴认识你。我叫霍普。很对不起我们以这种方式相识；我看到有人不用自己的身份证跟着我进入车库，我吓坏了。让我们找个时间到咖啡馆聚聚。'几句玩笑话就能解除这种紧张气氛，这样我就不会坐在飓风眼上了。"

这种思维模式我能理解。我的意思是说，这个可怜的家伙确实被星期一早晨的危机搞得晕头转向。但是我希望杰克这样想："这是我让企业发生真正变化的大好机会。这是福乐·芬顿公司对差异性建立包容心的机会，使公司真正摆脱老传统和偏见。我要把这次危机当作转变的催化剂。”

我谈论的内容是什么？是战略。迪隆刚刚明白，由于一个合伙人认为客户想到与黑人打交道就不再与公司合作，他被一个团队轰出来了。当时，杰克对这种做法感到非常不自在，但是没有采取措施。他应该从迪隆和霍普之间发生的事情出发，重新检视与福乐·芬顿公司打交道的客户类型以及业务取舍。

嘴上说要对差异性采取兼容并包的态度，是一回事。实现这一理想，则完全是另一回事。如果杰克公开表明，即使会失去客户，福乐·芬顿公司也不会为了取悦客户而羞辱自己的员工，那将会发出强烈的信号。请想象一下如果杰克这样说的冲击力：“客户多得很，我们不需要那种客户。”

我坚决认为争端应一个一个地加以解决，尽可能不扩大事态。但是，我实在不认为迪隆和霍普之间存在争端。这就是我认为杰克不必在星期三会见他们两个的原因。我倒非常希望杰克私下里约见迪隆。会见时，他可以说：“你看，这件事真没有什么大不了的。当霍普看到有人顺便通过防范严密的安全设施，跟着她进了车库，她吓坏了，任何一个妇女都会这样。但你在这个大是大非问题上有充分的理由感到愤怒。”然后杰克告诉迪隆福乐·芬顿公司运营的方法，并且就规划公司如何成为一个更好的组织和更好的工作地方寻求迪隆的支持。杰克可以打电话给霍普——在迪隆前后都

可以——告诉她事情进展情况以及处理结果。执行新策略的初始阶段，除非她愿意，没有必要让她卷进来。

我在纽约城工作。我们的每个门都安装着探测器，违反安全规定是非常严重的事件。但对福乐·芬顿公司来说，违反安全规定不是主要问题。现在的争端是个纸老虎。真正重要的是杰克·帕森斯想如何管理他的公司，以及他对福乐·芬顿公司将来发展成为什么类型的企业所具有的影响力。

珍妮特·米勒德

珍妮特·米勒德(Jeannette Millard),马萨诸塞州的包克斯包罗夫(Boxborough)一家组织发展咨询顾问。过去十多年来,她拓宽了研究领域,包括种族歧视、女性歧视和异性恋主义。

在这个特殊的星期一上午,杰克·帕森斯接受了终生难忘的教育。他亲眼看到了公司多年自满和无为的后果。他知道了种族歧视远较一系列的人际事件复杂得多,牵一发而动全身。如果你是白人,你很可能会被要求不要理它。

当然,杰克应就霍普和迪隆的纠葛采取行动。但在福乐·芬顿公司,与几个心怀不满的员工比起来,大问题还在酝酿中。杰克需要使出领导手腕,在宏观和微观两个层面铲除种族歧视的制度根源。

我先谈微观层面。与心情不安的员工交谈是良好的开端,但是,如果这就是杰克所要做的全部,那立即就会让人感到是在搞共谋。同样,与迪隆和霍普展开座谈是重要一步。但是,杰克,请注意,如果你所说的全部内容就是干巴巴的"我听听你们两个人说什么,"

你不但不能解决问题，反而造成更大伤害。

杰克需要明白，迪隆和霍普对事情的感受和认识不同，故反应不同。霍普的动机非常直白。她在某一时刻极为严肃地对待自己的安全，杰克也应该调查星期天的安全系统记录。霍普在福乐·芬顿公司一般不会感到危险，这种事根本与她日常工作没有关系。现有的保安监控系统只要稍加调整，就能为霍普和其他人提供服务。

对迪隆而言，这件事却是歧视大环境的一部分，因此，杰克必须扩大处理范围。杰克已经看到福乐·芬顿公司公开存在歧视现象。他亲眼目睹了令人惊诧的一幕，迪隆完成工作的能力因他的肤色受到直接的负面影响。在这种情况下，另一个员工也可以告它歧视，公司把自己置于险境。迪隆最近的经历就是强烈光束，使福乐·芬顿公司有色员工积累的冤屈大白天下。为化解迪隆的问题，公司应从大局着眼，承认现状是最佳的应对措施，然后真诚努力以矫正事态发展。

在宏观层面上，公司要把一个根深蒂固地存在着偏见的企业转变成一个积极包容的企业，要在全公司范围内采取规划、培训和调配员工的措施。杰克也许预见到具有强烈进取心和创新精神的美好前景在头顶萦绕。但在有歧视史的环境中，像迪隆和霍普发生摩擦的事件仍难以计数，它们就像火星飞到“盛满鞭炮的箱子里”，引发没完没了的“事件”。与其要扑灭无法避免的大火，还不如在改变企业的工作上多用些时间和精力，这种投资更有效益，也更令人满意。

返回到微观层面。杰克解决问题从与迪隆和霍普的会谈着手，思路对头。继续与其他员工谈话也是对的，你可以帮助其他人了解事件全貌。迪隆和霍普和解的唯一方法是让他们认识到（也适用于公司其他存在嫌隙的人），他和她的同事既是集体的成员，又是个人。然后他们就能理解其他人的经历和反应。在停车库里急急忙忙、令人窒息的瞬间，迪隆和霍普的反应首先根据的是对方在占支配地位组织中的身份。霍普明白男人存在侵犯的潜在可能，因此采取行动；迪隆知道白人在公司占主导地位，而自己常常受主导地位的排斥，因此他采取行动。为理解霍普的行为，迪隆和福乐·芬顿公司的其他人必须理解女人的恐惧心理，并严肃对待。相应地，霍普作为一个心存善意的白人女性也要与白人至上教条（她已对之熟视无睹）作斗争。霍普以及那些站在她一边的人要认识到，事情绝不是发生在迪隆身上的小事一桩，是件大事，他们都是当事人。

但是在召开这些初次会议后，杰克不要让这些看似无事的表象所蒙蔽，认为你能避开重大问题。这是公开解决福乐·芬顿公司存在的歧视问题的时机，是改变所需要的时机，也是你自己想领导该工作的时机。最要紧的是，对付种族歧视从白人员工停止坚持如下

说法开始："这和种族无关。"现在，到了观察事情全貌的时候了，不能再仅仅局限于探究造成当前"火花"的原因。

案例三

跨国企业文化差异的冲突

拜伦·雷莫斯

案例提要

两个昔日竞争对手合并后的消费食品企业将在世界排名第二大。该协作交易被人们认为是友好的"平等合并",是欧洲一体化进程的典范。但是,皇家饼干公司(Royal Biscuit)与保守的、家族所有的爱德玲公司(Edeling GmbH)的企业家资源的整合计划则显得过于雄心勃勃。

整合计划进度比时间表规定的慢得多,投资者似乎相当敏感。但对于皇家饼干公司的人力资源经理迈克尔·布赖顿(Michael Brighton)而言,最迫切的问题是他不能说服德方同行迪特尔·沃利奇(Dieter Wallach)与他合作,为合并成立的公司总裁们制定一个实用的领导力开发计划。股东渴望在一个月之内知道新公司的组织架构细节,包括精确的进展时间表。英国公司的首席执行官——也是合并后皇家·爱德玲公司的首席执行官——变得狂躁不安。

部分原因是文化冲突,但是问题却玄机重重,超出文化范畴。新闻媒体喋喋不休地议论合作细节,他们说细节与正式认可的平等合并原则相抵触,例如新公司管理执行会中 10 个席位中的 7 个被皇家饼干公司的执行总裁们把持,怎能说平等?

案例提要

文化冲突会不会使这个跨国合并胎死腹中？专家们就本虚构的案例进行了评价，他们是：罗伯特·F. 布鲁诺（Robert F. Bruner），他是弗吉尼亚大学达顿商学院巴顿研究所的执行主任，该研究所设在夏洛特斯维尔；丽达·克斯米德斯（Lida Cosmides）和约翰·图比（John Tooby），他们两个人是位于圣巴巴拉的加利福尼亚大学进化心理研究中心的共同主任；迈克尔·普拉格内尔（Michael Pragnell）是总部设在瑞士巴赛尔的农业综合企业 Syngenta 的首席执行官和董事长；戴维·施威格（David Schweiger），是总部设在南卡罗来纳州哥伦比亚的管理咨询公司施威格公司（Schweiger & Associates）的总裁。

迈克尔·布赖顿(Michael Brighton)感到自己好像挨了打,背部僵硬地靠在冰冷的皮椅子上。此时约翰·卡拉汉(John Callaghan)先生愤怒地挥舞着报告,脾气暴躁的他是总部设在伦敦的皇家饼干公司的董事长。“这份领导力开发计划说明你们两个根本没有认真合作!”他吼叫着,两眼盯着布赖顿,德国同行迪特尔·沃利奇(Dieter Wallach)此时僵着脸,两眼发呆地盯着会议桌。

“真丢人,”卡拉汉说道。“你们有3个多月的时间写出一份系统连贯的计划,我要的绝不是东拼西凑的一堆杂碎,从老生常谈的人力资源管理报告摘来剪去的拼盘。”他把报告重重地摔在桌子上。

会议室的玻璃轻轻作响。此刻,皇家饼干公司销售部主任安东尼·迈尔斯(Anthony Miles)正在走廊大厅里行走,听到了骚动,他竖起眉毛加快了脚步。

卡拉汉是个靠自己奋斗成功的亿万富翁,由于不愿耐着性子与蠢人相处,所以脾气暴躁是出了名的。但是,别看布赖顿在卡拉汉手下干了5年多,还从来没有领教过老板直接对自己大发雷霆。布赖顿想把这个斥责归罪于他的德国同行,因为他工作拖拖拉拉。过去他们是竞争对手,而今却是爱德玲公司的合并伙伴。

他仍然嘴唇紧闭，一言不发。“如果沃利奇在方法上不那么固执己见，我们早已取得较大进展了。”他生气地想。

在某些旁观者看来，卡拉汉大发脾气是必然的，两家公司都很了不起，合并计划雄心太大，不出问题才怪。1月30日，在德国爱德玲公司首席执行官海因茨·伯克哈特(Heinz Burkhardt)的陪同下，卡拉汉自豪地迈进伦敦和法兰克福会议室宣布两家公司合并，会议室座无虚席。这项交易的一方是皇家饼干公司，一个极富生命活力的企业，在过去的10年时间里，单枪匹马，给英国的快餐食品业带来了变革。另一方是总部设在慕尼黑的爱德玲公司，该公司系家族所有，是一家有120年历史的模范企业和德国人喜爱的品牌。新企业的名称叫皇家·爱德玲(Royal Edeling)，友好地把英国和德国公司的组织架构结合起来，形成世界排名第二大的消费食品企业。两位最高领导人宣称这是一个“平等的并购”，是欧洲一体化的典范。

卡拉汉将担任新公司的首席执行官，总部设在伦敦，而伯克哈特则担任没有执行权的监事会主席。公司股票将分别在伦敦和法兰克福两地挂牌上市交易。按照德国法律，新公司将由管理会治理，负责公司的运行，而监事会的责任是监督管理并代表全体股东。

至少从字面上看，并购交易完美无瑕。但是事实证明合并产生的困难超出双方领导人的预料。已经到了5月份，整合规划远远落后于时间表的要求。股东渴望在6月之前得悉新公司的组织架构细节，包括精确进度时间表。卡拉汉认为，布赖顿和沃利奇两人竟然在合并两企业的领导力开发计划上遇到困难简直太荒谬可笑了。他有更大的事情要处理。新闻媒体既不合作也失去了耐心。英、德两国政府已经叫停了合并宣传工作。可投资者的最终决定八字还没有一撇。他最不愿意应付的一件事就是两位人力资源主管间的争吵。

“你们两个应是解决问题的人，而不能成为我要解决的问题。”卡拉汉突然说。“新公司能否成功要靠你们成功培养的优秀经理人，另外，你们身先士卒，努力工作具有巨大象征意义。进一步说，具有巨大发展潜能的经理们必须明白，在公司采取什么措施才能取得进步的问题上，我们有一致看法，进步有赖于事实所证明的优势，而不是耍弄权术。”

“但是，先生，”布赖顿战战兢兢地开口说。

“没有‘但是’，”卡拉汉吼叫起来。“给你们一周的时间提交一份计划，我的要求是，新报告要比我们两家的任何一家原来的报告强，真真正正地好，别担心东西不够详细，否则……”他的威胁话语还在余音绕梁，他就突然冲出办公室。

出门时，沃利奇第一个打破死一般的沉寂。“如果说我们从中学到什么的话，布赖顿，”他说，“就是我们编制计划时，必须超越我们自己的观点，引进其他观点和方法。”在布赖顿看来他的口气有点自以为是。

“难道你没有听出来吗?”布赖顿防守性地回击说。“他已经把报告视为大杂烩。而且不论如何，我们没有任何集思广益的时间，不能如你坚持的那样再徘徊不前了。约翰先生说得对，我们制定出世界级的计划后才能达成共识。”

“他要求高质量的计划，当然没错。”沃利奇回答。“但我还不明白，我们在真空中如何编制计划呢，巧妇难为无米之炊嘛。”他看了看手表。“我必须赶2个小时后回慕尼黑的飞机。我们能否后天在我的办公室见，最好是早上，如何?”

“当然行，但要注意我们已经碰了三次头，时间不等人。我们必须做出某些决定，而且要快。只要我们能就一些主要的细节达成一致，我就能很快地……”

“我们德国人有句谚语说，”沃利奇打断了他。“如果走错了路，奔跑有何用呢?”

“在英国，我们也有自己的说法，‘有奶便是娘’。”

他们为什么不像我们?

返回办公室的路上，布赖顿停下来到接待区的小厨房里为自己倒了一杯茶。过了一会儿，安东尼·迈尔斯走进来。

“你看过这些东西了吗?”这位市场总监问道,递给他一份新闻简报。

布赖顿戴上阅读眼睛,仔细读起来。文中写道:

皇家饼干公司与德国饼干制造商爱德玲的初步合并是世界食品行业最大并购案。尽管公司高层做出种种保证,工人们却不为所动。据不愿透漏姓名的一些员工说,人们越来越关心会失去工作,关心某些变化可能威胁到公司得来不易的文化。自称为“皇家饼干人”的少数人更是口无遮拦地表达反德国情绪。

布赖顿叹了口气,摘下眼镜。“这些我知道。事实上,最近我与这些家伙的其中一个交过锋。”他迅速地介绍自己从安德鲁·麦克布(Andrew McCabe)听到的话。麦克布是一名皇家饼干公司的质量检验工程师,和蔼可亲的、诚实能干,今年49岁,有两个10多岁的女儿,虽然他自己从来没有进过大学门槛,却迅速地升到总监的位置。“显然,安德鲁担心公司为照顾那些他认为是‘一些吃胜利果实’的人,会把他赶走。”布赖顿说道。

“你可知道吗,相似的反应在另一边也出现了,”迈尔斯说,谈起手下的销售人员在德国读到的新闻。一方面,爱德玲公司职工担心来自英国皇家饼干公司那

些傲慢的家伙是否尊敬自己公司那令人骄傲自豪的辉煌历史。另一方面,一位金融专栏作家则借题发挥,说皇家饼干公司的高层经理把持了新公司10个高层管理席位中的7个,爱德玲股东推选的代表在监事会席位中占的比例不到半数,他们凭所持股票而获得的红利只占可怜的10%。"英国人将吞噬爱德玲公司的最后一滴油水。"该记者悲哀地说道。

回到办公室,布赖顿又快速地浏览了一遍各个部门的高层经理名单,他和沃利奇就此交换过意见。他明白,从尊重"平等合并"意愿出发,领导人的任命在两个企业间或多或少的平均分配是无法避免的。他知道有些发展一帆风顺的人将发现升迁路被德国人严严实实地堵上了。然而,与那些没有被当作富有发展潜力的同事相比,他们则幸运多了。布赖顿苦苦思索几个垫底人选的问题,他们的特点不十分鲜明,容易判断。毋庸置疑,与沃利奇所列名单的后半段人员相比,他们的亮点更多。他认为,自己面临的真正挑战是制定一个方案,以便好好调教那些慢条斯理的德国人,把他们改造成最优秀的领导人——虽然他永远不能对沃利奇说出口。同时,他预测两年内,企业输出人才以及淡化企业文化的前景实在暗淡,自己曾为塑造这样的企业文化呕心沥血。

直言不讳

星期三晚上，布赖顿乘飞机到慕尼黑，与沃利奇举行另一次碰头会，心中焦急不安与日俱增。下了飞机，他到了市中心的一家老宾馆下榻，住进一间通风不是很好的小房间，睡得不那么安稳。第二天早上，快速地喝了浓咖啡、吃了凉奶酪和面包卷后，他打了一辆出租车。司机，不知是哪里人，似乎只会说两个英语单词：是和不是。由于司机错过了高速公路出口，布赖顿晚十分钟到达爱德玲公司。匆匆走过大堂，他想沃利奇一定会罗列一大堆污点说明他办事拖拖拉拉。

与皇家饼干公司超现代的总部大楼和高科技装备相比，爱德玲公司总部显得淡雅，表明企业严肃认真，意在保持低调形象。华莱士的办公室里，信箱就是洁净办公桌上摆放的唯一用品。有两把不很舒适的访客座椅，墙上张贴着几幅褪色的印制画。

这位英国人在向沃利奇——再次——说明工作任务，刻意保持耐心。他说，他们的任务是制定一个计划，该计划能够使皇家·爱德玲公司获得独一无二和持续不断的领先优势。6月1号的最后期限马上就到，因此他们无论如何也要准备一份哪怕是粗浅的报告，他对德国人说。“所以，你和我在今天结束前至少要搭起

报告的框架,"他宣布道。

沃利奇根本不同意。"迈克尔,我明白有时间压力。但是我们仍存在根本分歧。你不明白我们是一家历史悠久的公司,我们现存的制度和程序是多少年来学习的结果。而且我要提醒你,爱德玲公司做生意的方式无往不利,一直非常成功。"

沃利奇继续解释——详细程度让布赖顿感到头疼——爱德玲公司如何从录用新人开始培养未来一代的领导人。即使为最低级的管理岗位选拔人才,公司也非常小心谨慎。合格的候选人必须展示其高水平的大学和体育学习成绩。毕业后,他们必须证明学徒期间成绩优异,最后还要被特别推荐。他们在爱德玲公司工作的头两年时间内,公司要求他们在爱德玲公司的企业自设大学参加管理课程培训。沃利奇提醒布赖顿,该大学被认为是"自那以后雨后春笋般涌现的公司自办大学的榜样"。为了成为提拔考虑的对象,管理者还要在不同的职位上表现卓越,与专业内外的专家团队共事。"我自己,"沃利奇指出,"在慕尼黑就从财务分析师做起,转行到纽约从事公共事务,然后再回到管理岗位上来。因此你会明白,"他总结道,"开发一个高级人才是一个识别最优秀的学习者和给予专家指导的过程。这个行业的知识——甚至包括优秀领导能力——折旧速度是如此之快以至于……"

"好了,好了,我明白了,"布赖顿草草地说,"但是我了解卡拉汉，他将坚持认为你的计划太不切合实际，曲高和寡。”他提到，皇家饼干公司培养了不少富有活力的领导人，方法就是在工作现场的复杂背景中集中学习和“在行动中学习”。“我们从世界范围内——他格外强调这个词——的商校招聘最优秀和最聪明的人士，更有甚者，我们雇用和提拔的人有自己的观点和风格，展现出创造力和企业家的活力。”

布赖顿解释说，皇家饼干公司不但不强迫他们学习古板的课程，还让这些有希望的年轻管理人才带领团队。与经济效益最好的团队一起冒尖的人将得到迅速提拔。“最后我要说，与其他东西相比，领导能力更多地表现在情感能力、精力和文化适应性上——这些特性也不是在正规的环境中所能灌注的东西。这就是我们不愿把人放到教室里浪费时间的原因；我们要求他们脚踏实地，从头做起。”考虑到皇家饼干公司两位数增长的5年，那么就很难怀疑这种培养方法的聪明之处，布赖顿有点挑衅地补充说。

> 迈克尔·布赖顿反击他的德国同行：“大概这是日耳曼人的偏好，但你对人性抱有悲观看法。”

沃利奇丧气地摇摇头。“布赖顿，你过多地暗示爱

德玲公司应该摈弃多年来提炼形成的最好办法。那么为了什么呢？难道是为了一个把领导能力当成艺术——而且拒绝任何形式的客观判断的计划吗？我们把培养领导能力看成一门科学。说句实在话，”他生硬地补充道，“如果在制定的计划中我们对‘最好和最聪明’认识相互矛盾，还没能形成共识，就让我背书认可，实在难为我。不去学会合作共事，不获得共识，领导人如何取得成功？”

“他们确实在学，因为在实践中才发挥作用。”布赖顿反击道。“你想知道问题的主要症结吗？这与其说是你的错，倒不如说是日耳曼人的偏好，但从根本上讲，你对人性抱有悲观看法。你不相信人们有能力认识善的东西，并自然地向它靠拢。这就是你为什么要把每件事都要落实为规范程序，按部就班地执行。”

沃利奇严肃、惊讶的表情使布赖顿觉得自己是不是太粗鲁了。另一方面，直言不讳也许是开始取得进展的唯一方法。

苦涩的真实

布赖顿渴了。下午晚些时候从慕尼黑的飞行时间不长，但遇到湍流颠簸得厉害。他头痛，身体疲倦。把旅行包丢在公寓，换上衣服，他就直奔自己最喜爱的位于布赖克夫莱大街(Blackfriars Road)的酒吧。屋内人声嘈杂,瞥见安东尼·迈尔斯(Anthony Miles)在酒吧里,他就挤身过去坐在他身边。

"与迪特尔·沃利奇的会面进展如何?"迈尔斯一边问,一边喝着苦啤酒。

"我尽力与他合作,但让人非常灰心丧气,"布赖顿叹口气。"他固执己见,循规蹈矩令人难以置信,并且——唉,简直太德国人了。"他顿了顿,看到同事的嘴角歪了歪。"当然,我明白。我也有条条框框。"

"你确实是这样,"他的朋友回答说,"虽然不能否认你和迪特尔风格上存在差别。"

布赖顿点了一瓶吉尼斯啤酒。

"请原谅我这样说,"迈尔斯继续说,"如果你交给卡拉汉的仍是一大堆问题——尤其是如果他开始相信,出现这些问题是因为你存在偏见,那么说明你为了自己的发展前途做的还不够。请从他的立场上观察问题,他撮合成这笔交易,从战略利益上看完美无缺。他认为你和我们应全力支持这笔交易,使它切实地运转起来。"

"但是他必须认识到,该项合并与我们以前处理的其他案例存在根本的差别!"布赖顿脱口而出。"应付不同的企业文化相当困难,而且现在我们又要面对民族差异的复杂局面。"他压低了声调。"而且你知道,不仅仅是迪特尔。我不断听到我们的人抱怨说与德国人

打交道是如何如何的困难。他们思考、做事、工作或者管理方式与我们不同。他们过于把自己当回事了。”

“那么，在这点上你就不用去改变卡拉汉了。记住他说的话：‘吃饭穿衣乃人之本’。”迈尔斯平静地补充说：“我在德国住过几年。你以前知道吗？”

“看不出来，”布赖顿傻笑着说。但是他端详着朋友的脸。“好，请继续说下去。”

“在那里我有个女朋友，”迈尔斯回忆道。“名字叫英格里德（Ingrid）。我第一次见到她时，我心理就不停地犯嘀咕她有多严肃，而且一丝不苟！”他回想起他们的第一次约会，她邀请他到一尘不染的公寓去。厨房里，碟子、盘子和茶杯摆放在摩登壁橱里，每样东西都整齐划一地放置。

“听起来，她好像是一个中规中矩的德国人，”布赖顿说。

“但她一点也不强迫别人——英格里德事实上相当随和。”迈尔斯停了停。“并且我也开始喜欢生活中的每个细节都按照这个安排运行，令人感到舒适。我想，人们是把令人感到舒适与令人感到受控制混淆在了一起。”

“更有甚者，”迈尔斯继续说道，“一旦我更好地了解她，我就发现她有一种奇妙的、无拘无束的幽默感。事实上，她喜欢开我的玩笑。没准她还认为我是太严肃的人呢。”

布赖顿笑起来。“我猜想这是绕着圈子告诉我，我和迪特尔的恩恩怨怨其实不过是立场不同而已。”

“唉，我可没这个意思。”迈尔斯提醒说，“但是仔细想想吧。自从卡拉汉当政，他说过树立全球观点相当关键。这也是他对其高级经理人的期望。但是，这意味着什么呢？这只是在说我们在世界的哪个地方可以销售更多的商品吗？或者只是以不同的方式观察问题吗？”迈尔斯皱了皱眉。“听着，在这些方面你知道的比我多。但你能培训经理让他们这么做吗？难道不应该放弃从英国人或者德国人的角度考虑问题，而着手从更高的层次思考吗？这就是你们领导力开发报告的真正目标。”

布赖顿掏出现金，准备付账。“说得很精彩，”他说。他把钱放在吧台上，穿上茄克衫。“我敢肯定，你说得对。而且你刚才说得真对，就是卡拉汉绝不会容忍任何讨厌的文化问题阻挡其宏伟发展计划。我十分感谢你的忠告。”

虽然杯子已经底朝天，喝得精光，迈尔斯没有离开的任何意思。他似乎陷入了沉思。布赖顿冒昧地猜测：“那么，那个德国妞。听起来你非常喜欢她。到底发生了什么事？”

迈尔斯向前推了推杯子，叹了口气。“是的，唉。大概我们最后证明差距太大了。不管怎样，不会有结果。”他摆了摆手，让布赖顿知道，没有布赖顿搀扶他走得了。

文化差异会不会使这个跨国合并胎死腹中？ ……

罗伯特·F.布鲁纳

丽达·克斯米德斯和约翰·图比

迈克尔·普拉格内尔

戴维·施威格

罗伯特·F.布鲁纳

罗伯特·F.布鲁纳(Robert F. Bruner),位于夏洛特斯维尔的弗吉尼亚大学达顿商学院巴顿研究生院的著名教授和执行董事。他的新著作是《合并和兼并》(*Applied Mergers and Acquisitions*)(Wiley,2004)。

文化冲突的确会使这项交易胎死腹中。请看一下沃尔沃和雷诺在 1993 年的合并案,后来某种程度上因担忧法国人和瑞典人不能在一起共事而被取消。1989 年索尼公司兼并哥伦比亚影片公司,到 1994 年就造成了 32 亿美元的账面减值,很大程度上因为日本人未能理解和管理好莱坞的离经叛道的文化。1998 年,戴姆勒和克莱斯勒相互经受了文化浪潮的冲击,有些仍余波未消。

尽管杰弗逊·托马斯宣称商业精神无国界,但那些从事商业实践的人深受文化底蕴的塑造。两家存在明显文化差异的国内企业合并起来就异常困难。而在跨国背景中,任何一方都会使误会和分歧像野草一样层层放大。语言、生活习惯、价值观和培训的差异鲜明地显示本案例的两家企业地位是不平等的，现实的证据是皇家饼干公司在董事会和监事会中居于支配地位。

还有，大多数所谓的平等合并根本不平等。情况常常是，兼并公司用虚情假意对合并问题涂脂抹粉，把令人痛苦的组织和经济后果遮掩起来，不让被兼并企业的雇员和股东知悉。最终，称交易为平等合并将加剧内部权力斗争，导火索就是大家对最终谁来掌权的胡乱猜测。

尽管跨国并购本来就存在困难，但是，如果皇家·爱德玲公司的首席执行官约翰·卡拉汉能向双方团队描绘新公司清晰和鼓舞人心的发展蓝图，并充分授权经理们具体实施，那么希望之光尚存。了不起的兼并有一个标志，就是能创造出这样一种商业运营模式，在该模式下任何一个公司都不能独立运作。卡拉汉应该把注意力放在组建执行管理团队和董事会方面，目的是描绘新前景、清晰设定期望值、塑造实效运营风格，发展一种既利用并尊重英国和德国传统又超越民族主义的企业文化。

卡拉汉需要人力资源经理迈克尔·布赖顿和迪特尔·沃利奇的帮助，但是不能简单地命令强迫，硬赶鸭子上架。在营造更加团结的文化方面，发脾气、恐吓和威胁毫无用处。事实上，他的发怒使中层管理人员进一步分化，他们更加畏首畏尾。布赖顿和沃利奇的困惑可以理解，感到自己无权行动。卡拉汉如果能向他

们清楚地说明他理解他们的担忧，并鼓励他们进入角色，那么，他们就会合作出色。为扭转危局，卡拉汉应告诉他们，自己需要他们在发明新办法方面直接发挥作用。为团结每个人，他应该用催人奋进的词语表达皇家·爱德玲的“事业”。

布赖顿和沃利奇应认识到，他们避重就轻，只是把各方的好点子堆放起来，而不探究“整体如何才能大于部分之和”。为让卡拉汉惊奇和高兴，他们需要重新着手制定一份创新性计划。必须拒绝中庸。虽然不必聆听长者、同事或者下属的教诲，他们要超越眼前的工作，努力团结、激励和指导周围的人。

建立融洽的个人关系是发展领导力的第一步。布莱顿如果按照朋友安东尼·迈尔斯的建议和方式去做，将是明智之举。他应邀请沃利奇出来喝杯啤酒，与他建立个人关系。在酒馆里花一晚上的时间自由交谈，使迈克尔更多地了解迪特尔的为人，也许非常有助于消除成见。

丽达·克斯米德斯和约翰·图比

丽达·克斯米德斯(Leda Cosmides)和约翰·图比(John Tooby),两人是位于圣巴巴拉的加利福尼亚大学进化心理学研究中心的正副主任,合著了《适应心态:进化心理学和文化生成》(*Adapted Mind: Evolutionary Psychology and the Generation of Culture*)牛津大学出版社,1992)。

对迈克尔·布赖顿来说,英国人是"我们",德国人是"他们"。对迪特尔·沃利奇来说,德国人是"我们",英国人是"他们"。对于这两个人来说,"我们"值得信赖、能力出众,"他们"什么都不是。兼并前,皇家饼干公司和爱德玲公司是心理学家所谓零和游戏中的竞争联合体。每个公司是一个高度合作的团体,成员协调行动以实现共同目标:从"他们"手里争夺市场份额。

难道说文化标准的差别造成了僵局?或者难道布赖顿和沃利奇互不喜欢对方的原则是由他们以前在竞争联合体的成员身份造成的?

第二次世界大战之后,像其他人一样心理学家们苦苦思索大屠杀发生的原因。德国人或者德国文化中

是否存在某种根本不同的东西？人性中是否存在某种普遍的东西——在特殊情况下被激发出来的东西——导致人们把世界看成竞争联合体之间的零和游戏？

20 世纪 50 年代，心理学家穆札夫·谢里夫（Muzarfer Sherif）在营地里把相同种族的一些 11 岁男孩样本随机地分成两组。在第一周，两组成员互不认识。孩子们一起出游，投身到合作性工作和与其他组别成员的游戏中。然后介绍这两组相互认识，并告诉他们将在比赛中相遇。一天之内，他们说的话听起来就像布赖顿和沃利奇一样，每组都贬低对方的技巧、特色和准则，自我吹嘘。两天内，两组之间就爆发了小规模的战斗，拳脚相加，对住处发动突然袭击，并且临时准备战斗武器。（辅导员及时干预保护孩子。）实验结果一目了然：造成我们—他们心理的模式固化在每个人的心里，很容易被激活。

造成这种情况的原因是什么？自然选择为每个人的心里装备了一套应对方案，每个方案专用于解决靠狩猎采集为生的祖先们遇到的一个问题。我们的祖先结成群体而生活，团体成员合作和抵御对手的能力决定自己的生存。相邻群体的关系时好时坏。但最宝贵的东西可能在转眼之间失去——孩子被屠杀、妇女被霸占、良田被掠夺。

> 一旦首席执行官把精力集中到为合并后的公司制定新目标，敌对的“他们”将转化为团结的“我们”。

两个人之间会发生争斗，两个联合体之间则会爆发战争，每个联合体必须团结，作为一个联合体发挥作用。由此造成的具体问题，用专门的方案加以解决。为防御竞争联盟或者对敌人发动袭击，个体成员必须做三件事：为共同目标协调个人行为，与参与成员共享战果，从战果中排除不劳而获者。在零和游戏中，与敌对联合体竞争的共同目标导致“我们”之间的合作。资源用来做什么？用来增强“我们”而非“他们”的力量。态度用来做什么？用来在联合体的成员之间建立合作关系并思考“他们”执行行动计划的能力，而且蔑视“他们”。直到最近，布赖顿和沃利奇还是竞争对手，其态度是“我们—他们心理”的产物，而不是文化冲突的结果。

为团结两个联合体，领导人必须确立合并后组织的共同目标。约翰·卡拉汉明确了新领导力计划要培养的价值观后，布赖顿、沃利奇和其他执行总裁们在采取的方法和措施上应立即达成共识。他如何才能让人们闭口，不再胡思乱想呢？他不但要对皇家·爱德玲公

司世界第二大食品公司的排名不满足，而且应让雇员对准新目标：击败竞争对手成为世界第一。如果这样，不信任感和抱怨将从新合并成立的皇家·爱德玲公司逐渐消散。敌对的“他们”将转化为团结的“我们”。

迈克尔·普拉格内尔

迈克尔·普拉格内尔(Michael Pragnell)是总部设在瑞士巴赛尔的农业综合企业 Syngenta 的首席执行官和董事长。

兼并处境危险,并不是因为民族差异,而是因为约翰·卡拉汉放马南山太快,从而失去控制。身负重要任务但却不把新公司宏伟目标清楚地告诉迈克尔·布赖顿和迪特尔·沃利奇,他失职。卡拉汉在还没有采取行动前,先要命令部队停下来。然后他从两个公司抽调人马组建平衡的经营管理团队,并把该团队成员封闭起来。他和团队必须制定全新的企业发展战略、组织模式和行为准则。而且,他也不应为使每人都舒服自在,而在新企业目标和价值观上让步。他由于未能制定一套清晰的战略和搭建新的价值体系,就把人员松散地安排到不同的岗位,导致该兼并处境危险,否则不会是这种样子。

卡拉汉仍然让我同情。他的位置可不是什么好差事。我的公司也产生于国际特大平等兼并案,作为该公司首席执行官,我完全理解他。2000 年,我们公司

Syngenta由两家大制药公司的农业综合体合并而成，它们分别是英国企业阿斯利康(Astra Zeneca)和瑞士企业诺华制药公司(Novartis)。虽然合并后业务非常成功，但计划过程充满坎坷。

战略上看，该交易被设计成平等合并，共同的目标是在农业综合开发产业中建立和保持全球领先地位。管理委员会由8名成员构成，每方派出4人。我们达成一致目标相当容易；困难出在实施上，产生分歧。我们在组织问题上纠缠不休，发生不少争吵。一方希望保留其区域市场架构，在这个结构下，强有力的区域经理监督控制着从战略到运营资产使用的全部业务。他们的态度就是：为什么要修复没有打破的东西呢？另一方坚信，新组织中的每个人需要打破行为惯例。拿我来说，我也充满热情地认为，我们需要在事关产品管理、加工操作、财务报告和研究方面摆出全新的、放眼全球的姿态。

虽然我们没有陷入民族主义的对抗，但是我们的讨论有时仍极为困难。在宣布合并和合并完成期间，我们花了3个月的时间闭门磋商，一遍又一遍地重复着同样的事情。不时地，我们都江郎才尽，想不出高招。但是，最后逻辑和耐心战胜了时间老人。我们反复苦心研究那些难题后，看得很清楚，如果新公司要想成功，我们都须放弃自己老一套做法。我们应该从头开始。我们制定了一套全新的战略标准和公司价值观，任何一家公司以前都没有遵行过，然后把这些内容告知两公司的每个人。

另一巨大挑战——皇家·爱德玲当然也会遇到——就是“重叠”，或者“成本协同效益”。开始时，我们宣称估计能削减5.25亿美元的成本。这意味着我们必须做出痛苦的决定，裁减3 000多人。为应对这个问题，我们向世界各地派遣了100个工作组，制定成本削减计划。3个月内，工作组制定出了切实可行的方案，新公司一成立，工作组就实施了这些计划。

最后，我们几乎把所有国家的员工派到公司新总部轮训，让他们从身心上与过去再见。一年之内，我们就站稳了脚跟，早期所谓的文化冲突早被忘得一干二净。

戴维·施威格

戴维·施威格(David Schweiger),是总部设在南卡罗来纳州哥伦比亚的管理咨询公司施威格合伙人公司总裁。著有《合并和兼并整合:总裁和经理学习大纲》(*M & A Integration: A Framework for Executives and Managers*)(麦格劳—希尔,2000年)。

乍看文化冲突似乎是皇家饼干公司和爱德玲公司合并案困难的主要元凶,实际上却不是。虽然文化常常是冲突根源,其他因素,如个人障碍和利益也在起作用。两位人力资源经理的分歧主要是管理问题,这个问题需要正面对待,最好在签署最终协议之前有明确的说法。

说到底,把本案一样拖到如此之境地的真正原因是缺乏诚信,违背现实,以及未能系统地实行过渡管理政策。约翰·卡拉汉首先不要继续伪称合并是平等的了,正如德国媒体所怀疑,因为它不是。明摆着皇家饼干公司是兼并者。拒绝承认这一事实只会使雇员和股东首先怀疑,随后冷嘲热讽,他们比人们想象的要聪明得多。这笔交易带来的政治现实是,既有赢家,也有输家,英国公司就是赢家。

基于此,卡拉汉应停止给媒体话柄,着手给经理们下达运营目标。他需要十分清楚地规定和传达合并后的战略和财务目标。他必须列出目标以及达到目标的时间表。在此基础上,他还需要拟定结构整合转换方案,制定和实施清晰的股东公关计划。

最为重要的是,他需要尽快制定职工安置计划。尽管保证有工作,人们仍然担忧自己的生存问题。显然,迈克尔·布赖顿和迪特尔·沃利奇都很关心这个事情,他们都在觊觎新公司同一个职位。如果高层领导不宣布两个公司的关键岗位,不只是他们,其他人也同样无法集中精力或者真心合作。不论过程如何,卡拉汉必须确保公平对待所有员工,确保主要客户和雇员的利益不受到损害,确保整合计划不偏向任何一方,有计划有步骤地实施。

卡拉汉不能强迫布赖顿和华莱士合作共事,但他可以鼓励他们,使他们认识到他们可以被一块解职,也可以被单独解职。他可以采取这种方法,即看他们能否写出新的、扎扎实实的领导力开发计划,把这作为考评个人业绩的一个标准。如果他们没有写出来,他们中的一个或两个就要丢掉乌纱帽。如果他们提交了,应保证每个人在新公司都有工作岗位。如果证明工作重叠,他们的成功合作也许使公司为其中一人设立新

岗位。

由于担心被解雇，布赖顿和沃利奇必将会全力以赴——而且，这也正是所希望的，从防守性的姿态转变成学习、协商和折中的姿态。这当然要求他们尽可能公正客观。他们将坐下来，冷静思考计划目标，包括卡拉汉所追求的跨文化学习和胸怀全球的心态。他们甚至可以在一页纸上列出各个战术的优缺点，评价其在实现领导力开发目标时的作用。意见一致时，他们就有了共同的基础，产生分歧时，要么导致创新，要么需要妥协或者协调。如果他们发现不能达成一致，他们应向助手寻求帮助。他们之间的关系当然不是第一位的，还需要一个“媒人”撮合。如果他们未能完成任务，那就证明自己不是为首席执行官执掌领导力开发计划的合适人选，首席执行官是想建立一个胸怀全球的企业。

案例四

管理偏向妈妈们惹后患

奥尔登·M. 哈亚什

案例提要

“请别告诉我，我必须生个小孩才能要求休假。”即使在和詹纳·洛(Jana Lowe)气氛紧张的会晤后一个小时，这句话仍在杰西卡·古农(Jessica Gonon)的耳边萦绕。詹纳是杰西卡手下的一名主要业务经理。

杰西卡是 ClarityBase 公司分管销售和客户服务的副总裁，就詹纳要求 4 天工作制、自愿减薪 20%的请求思虑再三。事情看起来简单，但实际远非如此。就在上周，另一位业务经理戴维斯·贝内特(Davis Bennett)提出同样的请求，要求减轻工作量，为参加世界铁人三项锦标赛接受训练。他们两个都晓得另一位业务经理——梅根·福拉德(Megan Flood)按短期工作制上班已有近两年的时间。在聘用她时，梅根为照顾两个孩子要求周五不来上班，因急需她这样的人才，杰西卡就同意了这种工作时间安排方式。

ClarityBase 公司的 8 位业务经理负责协助公司大客户安装和维护数据库及其设备，常常需要大量的手工操作和维护。由于梅根的工作时间短，公司就把问题多的客户分派给其他业务经理对付。但是如果杰西卡同意詹纳和戴维斯缩短工时，由谁来对付棘手难缠的客户呢？若其他

案例提要

业务经理也提出同样的要求后果将怎样？

那么，杰西卡如何才能在保持她管辖部门的工作效率并满足雇员对弹性工作制的要求的同时，公平对待有子女和无子女的雇员？针对本虚构案例，4位专家向杰西卡提出应对良策。

“请别告诉我，我必须生个小孩才能要求休假。”

即使在和自己的主要经理之一进行了气氛紧张的会晤后一个小时，这句话仍在杰西卡·古农的耳边萦绕。她是ClarityBase公司分管销售和客户服务的副总裁，此刻正坐在办公室认真研究最近所做的客户调查结果，但精力怎么也无法集中在面前的柱状图和饼状图上，稍早前谈话的只言片语也不时打断她的思绪。

事情看起来非常简单。詹纳·洛是公司销售支持部的业务经理，请求减轻工作负担：要求4天工作制，相应地自愿减薪20%。事情就这么简单，可是ClarityBase公司的情况就完全不是这样了。

上周，另一位业务经理戴维斯也提出类似的申请。请求减轻工作负担，为参加世界铁人三项锦标赛接受训练，该项重要赛事每年10月在夏威夷举办。戴维斯是世界级田径运动员，其最终目标是加入2004年美国奥林匹克代表队。他曾说过自己要到仲春才开始戮力备战，所以杰西卡给他两周时间制定计划，以便公司根据其训练计划做最适当安排。

问题复杂之处是詹纳和戴维斯两个都晓得另一位业务经理——梅根·福拉德(Megan Flood)按短期工作制上班已有近两年的时间。在聘用她时，梅根为照顾

两个孩子要求周五不来上班，杰西卡同意了。

詹纳在与杰西卡交谈时，根本不愿解释为何要缩短工作时间，只是说“个人原因”。杰西卡停了片刻，正猜想是什么原因时，詹纳补充说道：“我的所有要求都和梅根一样，请别对我说，我必须生个小孩才能要求休假。”詹纳已婚但无孩子。戴维斯单身一人也无子女之累。

还存在别的微妙问题。詹纳和戴维斯缩短工时问题远远超出事件本身。杰西卡从与他们的对话中推断到，任何得到公司认可的工时缩短——詹纳要求每周减少一天工时——都意味着他们不必像其他业务经理（不包括梅根）一样晚上和周末再加班加点。

ClarityBase 公司总部设在弗吉尼亚的莱斯顿，销售经营大型数据库产品，该产品能促进使用者的业务自如运转，包括人力资源管理软件、加工制造和订单处理等系统软件。8 名业务经理——包括詹纳、戴维斯、梅根——负责协助公司大客户安装和维护软件系统，手工操作和调试的工作量可是不少。由于梅根享受短工时优待，因此就把“棘手难缠”的客户分派给其他业务经理应付。

需特别指出的是，戴维斯的客户似乎更难对付，地处费城的圣·伊利莎白医院尤其突出，该医院要求戴维斯随时待命。有一次在圣诞节当天软件系统“抛锚搁浅”，戴维斯坐火车到费城协助医院修复了关键的病员数据库管理系统，使之重新投入运行。杰西卡如果同意了詹纳和戴维斯的缩短工时请求，由谁来接手处理像圣·伊利莎白医院这样的客户呢？如果其他业务经理都提出相同的要求后果将是什么呢？

现在是星期一上午——应该如何开始一周的工作，杰西卡想。她已经答应詹纳星期五再来找她，这样她就至少有一周的时间清理头绪。时间倒足够了，她或许这么想。

换位思考

杰西卡在雇用梅根时不得不思量再三——面试时她提出那么多的要求。梅根说孩子是她的命根子，所以要求工作时间要非常有弹性。她不仅要求自己有晚来早走的自由，而且除非时间允许，不能因公出差，不能参加加班会议。

但公司极其需要像梅根这样的人才。她在道森软件公司(Dawson Software)干过3年，该公司是ClarityBase公司的头等竞争对手，这是她的资源优势。她技艺超群，专业能力和友善的态度当然是打动客户的“敲门砖”，而且，最后也同样重要的是，杰西卡已经苦苦寻觅了几个月，想方设法觅到像梅根这样的人。其他人选根本无法和她相比，因此，杰西卡想了一个周末

才决定录取她。

更有甚者，梅根的要求让杰西卡心神不安。后来杰西卡经过翻江倒海的回顾反思认识到，其中的部分原因是自己在20世纪70年代早期参加工作后经历过痛苦——那是与现在截然不同的时代，如今可采用弹性工作制，日托托儿站就设在工作现场，国家还制定了家庭和医疗休假法案。当时像杰西卡这样手里拿着宾夕法尼亚州颁发的计算机编程学士学位文凭的女性，孩子和事业简直无法兼顾。因此，有了第一个孩子后，杰西卡和丈夫决定她辞掉大都会保险公司MIS部门总监的工作，丈夫当时在一家建筑师事务所工作，处在有望转化成合伙人的节骨眼上。

9年后，他们最小的孩子进了幼儿园，杰西卡重披战袍受聘到ClarityBase公司任销售助理。她晚上上课学习追赶计算机产业发展的潮流，职务慢慢提升，成为一名销售代表，后来成为业务经理，再后来担任东北区的销售总经理。52岁时，她被提拔到现在位置上担任销售和客户服务副总裁。道路悠悠漫长，抚养孩子是极大的拖累。但正因为杰西卡不得不在事业和家庭之间做一交换，梅根也要步其后尘，不得不这样做吗？

潜藏的紧张关系

接近晚上7点，杰西卡最后才把客户调查报告塞进公文包里，准备回家。当她穿过销售服务部时，她想起了上周在走廊里行走时偶然听到的谈话内容："我实在不知道再生一个孩子，我还不能让自己笑起来，"一个女人的声音从隔墙的另一面传过来。当时，杰西卡并没有把它放在心上，而现在，那些话使她停下来思考。

ClarityBase公司以领先的工作—生活政策引以为豪，公司为所有雇员提供家庭医疗保险、领养补助和有子女雇员的带薪产假。公司最令人感到自豪的也许是公司出资设立的工作现场托儿站。比尔·维纶斯基(Bill Welensky)是分管人力资源的副总裁，喜爱吹嘘说这类小恩小惠使公司雇员的年流动比例保持在5%以下，这在软件行业是前所未闻的。但是，公司是否太迁就有子女的雇员而牺牲了其他人的利益?

ClarityBase公司以领先的工作—生活政策引以为豪。但是,公司是否太迁就有子女的雇员而牺牲了其他人的利益?

一年半以前,五·一国际劳动节快到了,两个阵营的紧张关系浮出水面。埃德·费尔南德斯——杰西卡刚刚聘用他管理公司的呼叫中心——制定了节日周末值班表,并认为这样才公平合理:长期没有节假日值班的人应首先被安排值班。许多妈妈雇员之所以上了名单是因为以前的监管经理从来没有安排过她们在节假日值班。值班表张贴公布后,妈妈们愤怒不已,其反应又惹恼了其他员工。

幸运的是,埃德有办法达成一项妥协方案。五·一劳动节的安排因循旧例,给予妈妈们特别照顾。但是,从哪个角度出发,每个雇员都有公平享受他或她的节假日的权利,而不要管过去是如何做的。唯一需要考虑的是资历:新雇员,不论是否已当上爸爸或妈妈,应首当其冲参加值班。

这个解决办法似乎阻止了办公场所的父母和非父母员工的分裂。但是不是已经存在危险的裂纹,只不过用温文尔雅的脆弱面纱掩盖起来了呢?杰西卡掉转头，回到办公室，打开电脑，她写了两封电子邮件，一封发给詹纳，另一封给戴维斯，意思说她想尽快见到他们，深入讨论他们的请求。

收集信息

第二天午餐时间，杰西卡一直在等待，直到她和詹纳舒服地坐下来点了菜，才开口发问。“我想了解你的情况，你为什么要求缩短工作时间，”她说。“昨天，你说个人原因，我最不想做的一件事就是窥探你的个人生活，但是否还有你认为可以告诉我的东西吗？”

杰西卡目不转睛，盯着詹纳一边吃饭，一边凝思。“我的意思不是不尊重，”詹纳开始说。“说句心里话，我绝不是。我也没有故弄玄虚的意思。但我真的想我没有必要向你解释为何我要求减少工作时间。认真地说，那对我非常重要。”

“我明白了，”杰西卡回答说。“我为提问道歉，我只不过是想更好地了解你。”

她们两个吃饭，沉默了几分钟。詹纳放下叉子，目不转睛地看着杰西卡。“叫我恼火的是，”詹纳说，“所有的家庭事务注定更为重要——橄榄球比赛、学校演出和毕业典礼。唉，在我的生活中还有更重要的东西呢，但与孩子无关。”

杰西卡问："你认为ClarityBase公司偏向有孩子的雇员吗？"

"我想不是，"詹纳回答说。"可难道就不能认为我要求减轻工作负担的原因对于我与孩子对于梅根同等重要吗？"还未等杰西卡说出口，詹纳又说："不要把我的话理解错了。我认为梅根很了不起，她是我们最优秀的业务经理之一，所以我对她得到的待遇毫无意见，我只是说，我认为我也有权得到相同的待遇。"

那天晚上驱车回家的路上，杰西卡反复思考詹纳的话。她也听说某些公司实行无理由休假制度，但那种制度在她看来不公平。有些人在某些特殊时间段需要给予照顾——例如坐月子期间——而其他人可以推迟计划——例如大学课程可以选在秋天而非春天修完。另一方面，一律采用无理由休假政策当然使自己的工作变得容易——就不用评判谁的理由更重要了。

紧接着的第二天早饭时间，杰西卡与戴维斯的谈话更顺利。当杰西卡问是否感到公司特别偏爱有孩子的雇员时，他回答说："我从来没有感到我是二等公民，如果那就是你所问的问题本意的话。我真的不介意帮助那些家庭有急事的人，因为工作的父母有自己的难处。我不知道他们是如何应付每件事的，我是个有点另类的人。"

"谢谢你的宽宏大量，"杰西卡说。

"哦，我们彼此彼此，别客气。"

“我想我要了解的是,”杰西卡继续说,“你需要多大程度的工作弹性。请原谅我的无知,我确实对铁人三项赛知之甚少,我对你需要多少训练时间心里没底。”

“要视情况定,每个人的训练方式不同,”戴维斯说。“但趁这个机会我想说一说我最合适的时间安排:夏天,我想在星期二、三的下午三点下班。秋天我想一周内有四天可以早退。但我早下班的那些天,我一定会在第二天早上六点上班把耽误的时间补上,或者其他工作日晚走些。”

“我懂了,”杰西卡说,“我总是很感激你自愿地多干些工作。但按照这种新的时间安排,你想过没有,能满足客户的需要吗?”

“我已经想了很多,但说真的,我不知道,”戴维斯承认,“我认为客户第一,但我还是认为,许多客户自己也要做些调整——我想对他们来说易如反掌——以适应我的时间安排。当然,事情是否像我希望的那样顺利,我心里没有谱。”

“这项有点特别的铁人三项赛对你真的那么重要?”杰西卡问道,几乎有点反问的意味。

“是的,我赢得了几个地区赛事的冠军,但都不大,”戴维斯说,“而铁人三项赛是大奖,是超级杯赛。我的目标是进入前20名。是的,它对我非常重要。实际上,我想在我一生中从来没有产生过如此强烈的渴

望。”

杰西卡回想起自己5年多以前雇用戴维斯时的情形，他的热情给她留下了最深刻的印象。显然，戴维斯是那种心无旁骛、专心致力于自己所干事情的人，在工作中也很用心。因此，他需要额外的训练时间准备铁人三项赛，一点也不必大惊小怪。

决断时刻

杰西卡开车驶入公司停车厂，发现一辆本田车的保险杠上贴着一行字，有点自豪地宣称："无孩子拖累（并非没有孩子）……热爱生活的分分秒秒。"这部车该是那天晚上我听到的那位女士的吧。

在进入办公室之前，杰西卡决定先到人力资源部与比尔·维纶斯基（Bill Welensky）谈谈。"比尔，你有几分钟的空闲时间吗？"她问。

比尔曾是杰西卡的指导老师和公司中她的最重要的支持者之一，他仔细倾听杰西卡向他谈詹纳、戴维斯以及对梅根的早期工作安排的情况。

"我知道我们对这些事没有任何官方政策可以遵循，"她说，"但我想征求一些建议。"

"确切地说，我不知道说什么好，"比尔说。"你知道公司以其领先的处理工作—生活关系的理念引以为豪，我们想方设法尽一切可能地适应员工的需要。但我们确实没有关于弹性工作制的政策规定。”

杰西卡告诉比尔詹纳的看法，她认为有孩子的雇员在公司得到了特别照顾。比尔停顿了一下说：“这不是第一次反映这种情绪了。但就弹性工时或者缩短工作周而言，我们当然不能根据员工有没有孩子制定指导政策了。经理应根据具体情况做决断。”

杰西卡想了一会儿，“问题是，”她说。“我感到无论如何我必须判断何者轻、何者重的问题，是某些人照看孩子的要求重要，还是某些人个人发展目标重要。我感到做这种事非常难受，如芒在背。”

比尔看了看杰西卡。“你试过没有换个角度考虑问题？”他问。“请考虑这样的情形，两个雇员都要求加薪，而你的预算只能保证一个，你如何办？”

杰西卡毫不犹豫地回答说：“我将判断哪个雇员有价值（不可替代）。但是，我面临的情况比这要复杂得多。就工资要求，我能将苹果与苹果相比较，就工作—生活关系问题，我感到必须用苹果与锤子和花瓶相比较。”

“让我以一个朋友而不是人力资源经理的身份对你说，”比尔说。“打开窗子说亮话：你被提拔到副总裁位置的原因就是你能将苹果与锤子和花瓶相比较。你管理偌大一个部门，既要满足员工要求又要按时完成季度工作任务，不是那么容易的事。因此，不，你不能

到外面再聘两个业务经理，以弥补因弹性工作造成的空缺。这里没有简单而又令人满意的解决方案。”

杰西卡离开比尔的办公室，自己又一次确认了今天是星期二，到星期五才需要理出头绪决定如何办理，她仍然有时间。但是，问题是，她的迷茫与日俱增。

杰西卡如何才能消除后患？ ……

米歇尔·S. 达林

克里斯·迪宁

埃利诺·伯克特

斯图尔特·D. 弗里德曼

米歇尔·S. 达林

米歇尔·S. 达林(Michele S. Darling),保诚保险(Prudential)美国公司治理和人力资源执行副总裁,该公司美国总部设在新泽西州的纽沃克。

杰西卡需要全新的思考方法。她自己肩负的任务太重了。她自己不需要想办法使弹性工作制切实可行,这是其手下员工要做的事情。如果他们需要弹性工作制,他们就应该在完成部门工作任务指标的前提条件下,想办法使弹性工作制切实可行。

例如,当戴维斯提出请求时,杰西卡问了他一些正当的问题,例如他是否能够继续满足客户的需要,但他的回答是他心里没有把握,好像这是杰西卡需要解决的问题。事情不应该是这样的。如果戴维斯和詹纳需要改变工作时间,他们就要制定保证工作正常进行的方案。

根据我的经验,我深信,公司的规定、计划或者指导原则不能涉及必然大量发生的工作—生活问题的方方面面。我发现十有九次,员工能找到富有创造性和更妙的解决方案,满足弹性工作需要,比他们的经理和像我这样坐在办公室里瞎想的人制定的方案更好。

也就是说，杰西卡应为雇员提供所需要的工具，让他们根据自己对弹性工作的需要量身定制。她应与人力资源经理比尔•维纶斯基坐下来确定指导原则，以便雇员提出弹性工作安排建议时有章可循，细化建议书的内容格式，列明建议书必须包含的内容：休假期间哪些工作需要处理，如何办才能把工作计划与客户的要求无缝连接，什么时间干工作，等等。

她应该向詹纳和戴维斯列出指导原则，鼓励他们提出创新性解决方案，既能达到自己所要求的弹性工作目标，又能完成自己的工作。她应要求他们提出尽可能多的解决方案，例如在家里通过与公司连接的计算机完成工作，以及与其他业务经理共同完成某一项工作。

既然杰西卡认识到有孩子的员工和没有孩子的员工间的裂痕有可能扩大，她就应该召开部门会议告诉他们，不管他们由于什么原因提出弹性工作要求，她都会考虑每个人的要求。但是，她还应该有附加条件，每个人必须充分说明作了这种改变后如何完成自己的工作。“就我自己而言，”杰西卡应说，“你们提出请求的原因千差万别，我不关心你星期三提前下班是为了带儿子参加棒球训练还是去上学，你只管解释清楚你如何保证自己继续完成工作。”

若杰西卡否决了某一请求，就需要说明否决的具

体原因。申请人可能没有就自己如何满足客户需要做出充分说明，或者没能详细说明分工协作的方式方法。杰西卡应给他一个修改自己请求的机会。

杰西卡还可以激励手下的8个业务经理共同考虑问题，众人拾柴火焰高，他们能够设计某种新方法，既完成工作，又保证满足个人要求。再者，杰西卡可以建议由两名以上业务经理负责像圣·伊利莎白医院这样的苛求客户。

当然，许多情况下，弹性工作安排异常困难，例如，呼叫中心的运营管理就是如此。然而，即使这样，人们也常常能找到有效的解决办法。在宝信保险公司，我们发现，即便是呼叫中心的雇员，远程办公也很管用。只要借助恰当的技术支持，雇员人在何处并不重要。

杰西卡的任务不会很容易，但通过鼓励雇员制定创新性的解决方案，她可以在很大程度上满足他们的要求。

克里斯·迪宁

克里斯·迪宁(Chris Dineen),Radview软件公司的财务总管,该公司设在马萨诸塞州的伯灵顿。

杰西卡的困境是可以理解的。正如其他许多公司一样,ClarityBase公司尝试营造善待家庭的环境,但还没有制定出总的指导原则或者办法来促进这项工作的开展。杰西卡需要由内向外审视自己的处境,先见树木,后见森林,由小到大地认识问题。

中心问题非常简单——杰西卡既要保持部门工作继续进行,又要确保自己的团队成员对工作和个人生活之间取得的平衡感到满意。显而易见,杰西卡首先要弄清到底有几个业务经理可以减轻工作负担。

我们假设杰西卡的部门只能再允许一个人减轻工作负担,那么就要在詹纳和戴维斯之间择其一。杰西卡想搞清楚他们要求减少工作时间的原因,保证自己的决定建立在谁的理由更充分的基础之上。戴维斯乐于说明原因,而詹纳则保持秘而不宣。可以理解,杰西卡不想打探詹纳的个人私生活,但这些信息却非常关键。举个极端的例子,如果詹纳星期三请假的目的是

到公司的对手那里做第二职业，后果将会怎样？

人力资源主管比尔建议杰西卡换个角度思考自己的两难处境，即思考两个雇员都想加薪却只能有一个雇员能够得到的情况。如果詹纳向杰西卡提出加薪要求，但不能说明合理原因，杰西卡不难回答说："不行。"换句话说，詹纳和戴维斯都要准备充分的理由说明减少工时的原因，然后杰西卡决定谁最符合条件。无论原因是什么，如果詹纳没能提出很有说服力的理由，那么，杰西卡除了根据自己掌握的情况决定外，没有其他选择。

但也许还存在较大的问题。梅根这位工作的妈妈一般不必在晚上和周末加班，因为家庭需要她。詹纳申请的真实意图也许是抵制长时间工作和应付难缠客户。詹纳也许认为改变她所谓的工作分派不公平现状的唯一办法就是要求减轻工作负担。

即是说，杰西卡应探索一条让所有业务经理都认为平等的解决方案，无论他们是否有孩子。这并不是说要求杰西卡推翻她与梅根达成的协议——毕竟梅根加入公司的前提是公司满足她照看孩子的需要。但杰西卡可以推行一项政策，即把业务经理的加班时间累计起来，以后请假时用掉它。或者她可以考虑给予额外补偿，例如给承担繁重工作任务的雇员发放奖金和加薪——如果她没有实行过。

杰西卡还必须考虑自己决定的广泛影响。如果梅根、戴维斯和詹纳缩短工作时间的要求得到批准，团队中的其他人是否会提出同样的要求？推而广之，其他部门的雇员是否会竞相效仿，要求减轻工作负担呢？

杰西卡考虑到了这些问题，才能见到全貌。她要让比尔知道自己要做什么，因为她的做法很可能成为公司其他部门仿效的对象。现在杰西卡应反过来给比尔提出忠告：马上召集公司高层管理人员开会讨论，公司需要制定正式办法和指导原则，以正确处理与工作—生活和家庭相关的问题。否则，像杰西卡这样的部门经理将制定自己的土政策。

埃利诺·伯克特

埃利诺·伯克特(Elinor Burkett),《婴儿的好处:善待家庭的美国如何欺骗无子女者》(*Baby boon: How family-friendly America cheats childless*)(自由出版社,2000)一书的作者。她是一名新闻记者,文章见诸于《迈阿密先驱报》、《纽约时代杂志》、《大西洋月刊》、《滚石》以及《米拉贝拉》(*Mirabella*)杂志。

杰西卡遇到了当今人力资源管理中最棘手的难题之一:如何清除因考虑欠佳人们一齐涌到善待家庭的企业造成的混乱局面。当像 ClarityBase 公司这样的企业给予有子女雇员以特殊照顾,而未能考虑到给一部分雇员这些特权必定导致降低其他雇员待遇的后果。

当然,雇主长期以来实行的是不公平政策,人们已习以为常,其目的是激励或者犒劳有才能的人或者挽留人才——绝不是为了雇员的生育能力。如果把 ClarityBase 公司的一揽子福利待遇的货币价值看成是一种补偿的话,马上就会发现该公司改变了游戏规则。结果,像詹纳和戴维斯这样的雇员知道自己不管如何艰苦工作、如何加班加点、工作如何出色,都不能得到与有子女同事相等的报酬。即使他们能获得丰厚的贡献津贴和加薪待遇,总补偿所得也将低于如果他们既有子女又干同等工作的所得。

因此,这样做不可能保持员工士气。如果问一下按马克思主义原则管理企业的经理就会明白,他们的管理原则是"各尽所能,按需分配。"结果肯定是:雇员消极怠工,业绩不好。一句话,无利谁早起呢?

为了解决企业因偏离按能力和贡献取酬的分配原则造成的困难局面,杰西卡正确的做法是:不再从请假员工在请假期间可能创造的相对价值出发进行评价。那样做,不仅冒着侵犯雇员隐私的风险,而且也贬低了自己,在多元化社会尤其如此。难道一位同性恋雇员一定要请假去照顾生病的同伴吗?难道信奉摩门教的员工一定要说明每周把一个工作日贡献给教会的重要性吗?

总裁采取这种方式管理手下员工就把自己当成了称赞的标准,就像过去一个电视节目《一日女王》里所讲,员工被迫为"最需要照顾的员工"头衔争来夺去。但工作场所的利益不应该成为竞赛的奖品,他们应因工作出色受到嘉奖。

这也正是杰西卡谜局的出路所在:她要认识到利益和弹性工作同工资一样是雇员所得补偿的有机组成

部分。她必须统一执行按劳动时间计算的同工同酬标准，做出任命和奖励方案。刘易斯·巴克斯特·施温伦巴赫(Lewis Baxter Schwelenbach)在上世纪40年代担任劳工部长时就断言说："工资为工作而支付，绝不是为雇员的抚养人口多少而支出。"当时他呼吁制定《工资公平法》。执行这个标准的企业就不需要根据雇员的抚养人口调整工资，也不必为有小孩的雇员单独考虑健康保险。同样，企业在分配时间和非货币利益时也应采取这种不考虑家属的方法。

因此，杰西卡不必考虑雇员在自由时间内做的事价值有多大，这不是她应当关心的事。相反地，她应该评判这些员工在工作场所的相对价值并予以相应奖励，这才是她的最为本职的工作。如果她不愿把这种价值当作衡量标准，她仅有两条路可选择：要么聘用足够多的雇员保证每个人弹性工作，要么制定某种轮班值日表使每个雇员都能享受同等的弹性工作，例如，这将必然把任何一个雇员获得灵活时间的权利限制在一年以内使用。

关键是平等——承认无子女雇员和有子女雇员在个人生活方面享受同等权利。如果杰西卡在公司不努力推行这种平等，那么她最好做好花费数月的时间寻找詹纳和戴维斯的替代人，而且替代人愿意被当成二等雇员看待。

斯图尔特·D. 弗里德曼

斯图尔特·D. 弗里德曼(Stewart D. Friedman),密歇根大学迪尔伯恩分校的福特领导力开发中心主任。他在宾西法尼亚大学的沃顿商学院主持了“工作/生活一体化项目”。他最近和杰夫·格林豪斯合著了《工作和家庭——是盟友还是敌人?》(*Work and Family—Allies or Enemies?*)(牛津,2000)一书。

目标是公平,而不是平等。每个人工作之外的生活应该受到尊重,但是不能不加区别。杰西卡需要包容雇员的多元性,方法是支持他们各不相同的热情与爱好。如果她做出努力满足自己团队中每个成员的个人生活需要,那么她将提高自己部门的活力和奉献精神。

弹性工作是解决问题的钥匙,让它发挥作用,从组织到个人和从个人到组织,两条路都必须行得通。为鼓励这种双向流动,杰西卡必须让员工知道难点何在,与他们合作寻找解决办法。杰西卡应分别与 8 位业务经理会晤并说:“从我们的业务和个人目标出发,我想

营造一个使我们每个人都受到相互尊重和支持的环境。我很希望我们全体人员作为一个团体讨论我们的期望(包括生活的方方面面)。然后,我们才能集体制定如何达到期望目标的富有创造性的办法,使我们每个人的各个方面如工作、家庭、社区和自我都受益。”

虽然有可能非常难办,杰西卡也必须鼓励詹纳和梅根两个人都参与到讨论中来。杰西卡可以向她们解释说,如果团队中的每个人都能讲出自己最想做的事,那么安排工作就比较容易,就会增加工作的协调性和由协同工作产生的效益,结果每人都受益。“例如,”她可以说,“如果你们在业余时间撰写小说,戴维斯正因布莱克希尔和汉森出版社麻烦缠身,你们可以与他交换一下客户,这样你就能与该出版社的编辑建立联系。”这里的潜台词,也是对团队成员发出的主要信息是:“我们同乘一条船,必须同舟共济。”

为得到双赢解决方案,杰西卡及其团队必须认识并讨论工作和公司之外的生活需要。这就是我所说的“整体领导力”的精髓,它把工作、家庭、社区和自我整合在一起。由于 ClarityBase 公司只重视有子女员工的个人生活目标,公司中没有孩子的员工当然有理由心怀怨恨。每个人也就更加有理由讲述自己认为最重要的事情,杰西卡应据此鼓励他们辨析、尊重和支持,使每个人都能遂心愿,实现这些优先目标。

这种讨论需要慎重对待,但也会产生突破和创新。

必须鼓励人们想象,在工作内外,有多种不同的方法可以达到目标,这样,他们就不会采取僵硬的立场,例如不会说,“我就是要星期四上午请假”。如果雇员表达愿望时不采取固执的立场,不提出强硬的要求,那么对话就可以从那里开始。

在探索新方法时,杰西卡及其团队应考虑采取不同方法满足客户,尤其要采用技术方法。某些客户可能接受——甚至欢迎——通过更多的电子邮件和语音邮件进行沟通,以减少面对面交流。

为保证个人得到公正对待,团队需要考虑某些业务经理是否因为与较难缠的客户打交道而应该得到较高的补偿。也许应该根据处理的难度对客户评级。据此,某些业务经理也许由于能得到高额补偿更喜欢处理难度系数高的客户。

这就是呼叫中心总监埃德在安排劳动节期间值班时犯错误的原因。他想当然地断定员工的需要,即不通过对话就推断出什么对员工最重要。他没想到,有些人愿意在节假日加班,在能获得额外工资时尤其如此。

人力资源部的比尔用“调节”这个词,意思是在处理工作和个人生活关系时采取传统的零和游戏的方法。相反,杰西卡应探索把自己员工不同的生活领域协调起来的办法。这样做她也许能深入他们的情感世界,获得整体领导力的利益:良好的工作业绩和丰富的生活。

案例五

销售代表的最合适人选

约翰·汉弗莱斯

案例提要

辛西娅·米切尔(Cynthia Mitchell)终于在农业基金公司(AgFunds)谋到了一份高薪工作。该公司总部设在休斯顿,经营业务是向农民和农民合作社提供金融咨询服务。彼得·琼斯(Peter Jones)是区域市场副总裁,他把辛西娅招至麾下,目的是使阿肯色区市场恢复活力,重现生机。在过去的15年的时间里,该区客户不断流失。销售队伍还说得过去,问题皆因该区经理长期对管理工作心不在焉,马马虎虎。辛西娅懂得要想把业务推向正轨,自己还需要至少一位精力充沛、业务能力强的销售代表协助。

她认为自己要找的那个人就是史迪夫·里普利(Steve Ripley)。此人在农业基金公司年度培训学员中成绩最好。他在三个月培训期满恰能被派上用场,这种巧合简直是无法想象。面试考察时,他表露出自己的远大志向、聪明才智和翩翩风度。但辛西娅的几位同事认为史迪夫并非该职位的最佳人选:因为他是一名黑人,而公司的客户大都是思想保守者和白人。这使她不安地回想自己在农业基金公司的经历:有个地区被认为不喜欢与女销售代表打交道,公司因而否决了她到该地区任职的提议。她就史迪夫的任命

案例提要

问题向彼得做了汇报。

彼得解释说，辛西娅管辖区域内的绝大多数农民是不愿意把自己的账簿委托给黑人专业人员的，并且农业基金公司的其他少数民族专业人员在非友善地区开拓业务时也碰得灰头灰脸。“史迪夫应该到客户态度更友好的地区开拓业务。一旦合适的机会出现，再启用他不迟，这样他就会干得更加出色。”彼得向辛西娅保证说。但辛西娅却将信将疑。她是否应置客户的偏见于不顾坚持任用史迪夫而冒失败的风险呢？还是让史迪夫继续等待，寻找客户态度友好的工作机会呢？四位专家就本虚构案例做出评论。

辛西娅·米切尔两眼紧盯着顶头上司彼得·琼斯(Peter Jones)。她虽然对彼得仰慕有加,但无法相信自己刚刚听到的话。

"我把话直说了吧,"她说。"即使史迪夫·里普利是最为合格的人选,但只因为那里的客户不会让他的工作取得成功,我就不应任命他干这份工作吗?"

"如果你决定让史迪夫干这个工作,这是你自己的决定,也是史迪夫的。但我认为这将大错特错。"彼得回答说。

辛西娅脱口而出反问道:"难道不就是因为他是黑人,而我们又想当然地认为该地区的大多数农民不愿把账簿委托给黑人专业人员吗?"

彼得脸色腾地变红了。"我们并没有想当然地认为,而是我们心知肚明,只要问一问贝蒂·伊内兹(Betty Inez)和休·康利(Hugh Conley)两人就明白了。他们与里普利一样优秀,但是我们,哦,是我,对那里仍然存在着大量的歧视这种现实认识不清,不管你喜不喜欢。由于我的无知,他们两个在与本地区颇为相似的地区以惨败收场。这虽不是他们的错,但无论如何他们在农业基金公司的事业前途画上了句号。我确实想给史迪夫一个大展宏图的机会,也想让农业基金公司在培

养少数民族经理人方面创造好记录。”

辛西娅叹了口气。“彼得，看来都是我错了，我知道如果没有根据，你是不会这么说的。请容我三思。”

那段不愉快的经历

辛西娅的确在认真思考。她本周早些时候飞到休斯敦参加农业基金公司地区经理人会议，在各式各样的餐厅里进餐，她乐不可支地结识新同事——这是从乡村的阿肯色的解脱，是自己心向神往的解脱。在阿肯色，唉，烹饪做饭的工具除了烤肉架就是烤肉架，没有两样。对本职工作她还是个生手，其他地区经理，清一色的白人，使她感到无拘无束，他们也向她传授一些生存小窍门。

> **“我把话直说了吧，”她说。“即使史迪夫·里普利是最为合格的人选，但只因为那里的客户不会让他的工作取得成功，我就不应任命他干这份工作吗？”**

可是，今晚她选择待在宾馆。先在健身房苦练了一会儿，然后从客户服务台订了一份恺撒沙拉和一听啤酒。趁等食物的工夫，她快速地冲了个澡。最后坐下来准备吃饭，却发现自己一点胃口也没有。想起史迪夫·里普利的事，她的确紧张不安。这唤起了她极为不愉快的记忆。她向后靠坐在椅子上，啜饮着啤酒，回忆起自己在农业基金公司的起步发展历程。

事情还不太久远。辛西娅是地地道道的明尼苏达人，从普渡(Purdue)大学毕业后，又获得了堪萨斯大学的工商管理硕士(MBA)学位。她想留在中西部发展，与从事农业的人士共同打天下。她最初计划在芝加哥贸易局找份工作发展，但就业机会似乎不太乐观。而农业基金公司迫切需要她这样的人加盟，这家公司是一家金融服务型企业，专门为农民和农民合作社提供投资和会计咨询服务。四年前，她毕业后就到芝加哥办事处上班，接受投资培训。工作的第一年与大学的情况没什么两样，她把大部分时间都用在了学习上，准备考试，她必须要过考试关才能成为正式领照代表。在竞争激烈的培训环境中她迅速成熟，是班级中出类拔萃的毕业生。

那年成绩最好的培训学员，竞相觊觎北印第安那州的工作职位。迈克·格雷夫斯(Mike Graves)这位成功的投资代表被擢升为地区经理，因为他在6年时间之内，扭转了印第安那客户下滑的态势，使那里成为公司最大和最令人垂涎的宝藏之一。辛西娅特别想得到

这份工作，并确信十有八九会如愿以偿，盖因她和迈克面谈话语投机，或许她自己这么认为。在她已经为到印第安那工作准备过半的当口，收到一封电子邮件宣布公司委派自己的学友比尔·霍金斯（Bill Hawkins）担任该职位。这太让她吃惊了。比尔虽然是个了不起的人物，但他的资格怎么能与自己相提并论？实际情况是，在他没有通过前期资格认证考试后，辛西娅还花了不少时间指导他呢！

不久后，她和迈克不期而遇，她祝贺他高升。他好像很不自然，不大一会儿就开始慢慢吞吞地解释辛西娅为什么没有被安排到这个肥差："归根结底，你做代表要强于比尔不知多少倍，这个你我都清楚。但这个地区并不适合你，这里的人非常保守，客户心底里不情愿与女人打交道。早晚有一天你会感谢我不把你委派到一个使你注定失败的地方。"

还要谢谢他？辛西娅感到真想掐死他。但是就好像一名优秀运动员，她对他说了一些很得体的安慰话："我认为你的选择是正确的，你对那个地方了如指掌，最有发言权。"等等。此后，她继续寻找机会，一个月后，她坐上了北俄亥俄地区销售代表的交椅，她对该职位虽不是太满意但完全足够了。据推测，该区域对女性很友善，尽管她不得不向脾气暴躁的男客户证明自己的能力。在那里的三年时间里，辛西娅表现得极为出色，足够农业基金公司的明星员工条件。因此，当以休斯敦为根据地的地区副总裁彼得招她管理阿肯色区时，她感到理所应当，毫不奇怪。彼得管理着南部八个区，分布在阿肯色州、路易斯安那州、密西西比州、新墨西哥州和得克萨斯州。彼得让她管理经营阿肯色区。新职位是越级任用，销售代表一般不会得到这么快的提拔，但她已经做好迎接挑战的准备。

新工作的的确确是个挑战。阿肯色原来是个大区，但15年来客户不断流失，原因就是有着25年工作经历的老江湖经理听之任之，越来越不以为然。彼得最后让这个家伙提前退休了，招辛西娅来以图扭转颓势。这里的销售力量并不差，只不过管理不善而已。虽然如此，辛西娅还迫切需要至少一名能干的销售代表。她私下认为，真正需要的人就像4年前的她一样，从学校刚毕业，有才华、有远大志向，极度渴望成功。

她最初想起用她原来地区业绩稍差的销售代表（他正好是自己的好友），但还是先要到接受培训的学员中选拔。当发现史迪夫时，她的好奇心被激活了。他是本年度的最佳学员，3个月后培训结束时正好派上用场，真是天合之作。他的履历说明他很是个人物：最近获得加利福尼亚大学洛杉矶分校的MBA学位，在农业基金公司夏天实习成绩优异，曾被美国政府委派到海外短暂担任经济分析师。那么他为什么没有得到重用？大概人际关系处理技巧太差吧？辛西娅见到史迪夫时，才发现与实际情况相差万里。他仪表堂堂、反应

机敏、爽朗活泼、善于言辞，就是，在白人占压倒优势的公司，他是一名黑人。

本星期她是到休斯敦脱岗学习的，借机刚刚对史迪夫进行了考察。两个人的谈话结束后她就一直在琢磨，自己为什么这么走运？他何时才能上岗工作？但是，几小时后，她的好奇心再度被激活，为什么他没有受到重用？她小心翼翼地问了几个问题，阿肯色的地区经理同行却避而不答，好像他们不愿谈这种事，其中资历最老的同事告诉她，史迪夫在某些地方肯定不太合适，并建议她在任命前与彼得商量一下。

是必败无疑吗？

辛西娅坐在饭店房间的椅子上，很不自在地扭来扭去。她心烦意乱地拨弄着沙拉，然后就把喝了一半的圣·阿诺德酒（Saint Arnold）的酒瓶上的标签撕掉，同时在回忆上午和彼得的谈话内容。

“谈话进行得并不顺利。我们需要谈一谈史迪夫·里普利，”她开口说，“他是一个出众的人选，如果我能得到他，为什么就不能任用他呢？”

“你的前任认为他不是个非常合适的人选，”彼得温文尔雅地回答。“我不得不告诉你，我认为他说得对。并不是因为我心存偏见。我看得出来你很困惑不解。史迪夫真是太棒了，他是几年来我们培训过的最好的学员之一。但是你管辖区域里的大客户不想和黑人小伙子打交道，事情就这么简单。”

“照你这样说，某些大客户心存歧视，我们就应该让他们左右我们的用人政策？”辛西娅反击道。

彼得听她这么说不由得眉头一皱。“请注意，史迪夫肯定会很出色，他只不过需要在友善的区域开始发展。一旦合适的机会出现，他就马上会受到重用，那时候他将会光芒四射。”

辛西娅想起自己在印第安那未能得到工作机会的经历，随后反驳道：“那么，史迪夫的工作机会就会比那些不如他的人少得多。”

“我知道这似乎听起来不公平，但在某种意义上并非如此，”彼得说。“如果史迪夫干不好第一份差事，再想提拔他就极为困难——我们也会因偏心或者极差的用人眼光受到指责。还有请不要忘记我们的责任是利润最大化，挣更多的钱。我可以向你肯定地说，如果你任用史迪夫，肯定完不成这个任务。如果我们的客户不从史迪夫那里购买产品和服务，将伤害我们的股东和史迪夫本人，更会伤害到你。我说的对不对呢？任用史迪夫怎么能是好事呢？”

把问题都摆在桌面上?

那天晚上,辛西娅没有睡好,她翻来覆去,始终处在半睡半醒的状态。她为下一步该采取什么行动感到焦虑不安。她能否违背上司的明确劝告任用史迪夫呢?如果事实证明彼得说对了而史迪夫失败了,那么对自己的事业发展意味着什么呢?毫无疑问,最简单的办法就是继续物色人选。任用俄亥俄的老同事可能也不错,毕竟他的能力已经被证实,但总是感觉不合适,心里别扭。

在凌晨3点的某个时刻,经常失眠的她头脑清醒起来,做出了决定:要尽快给史迪夫摆事实,讲道理。早晨8点,她打电话到史迪夫的住处,问他能否共进午餐,他说可以。

4个小时侯后,他们就在Daily Review咖啡店面对面坐着,喝着汽水。"唉,我想告诉你的事很敏感,"她说,"所以我找了这么个机会。但我敢肯定我要说的话你已经嗅到不少。因此让我们打开天窗说亮话吧。"

"当然没问题,出了什么事?"他看起来很好奇,也流露出失望情绪。

"啊,我的天,他渴望着这个职位。"她暗自思量。辛西娅深吸一口气,开始讲述自己的故事给史迪夫听,说她是如何在北印第安那的职位上输给那个不如他的人选的，那件事是如何让她感到困惑的。她向他讲述了前天与彼得谈话的内容。她讲完时，史迪夫已靠坐在椅背上，呷着汽水，眯起眼睛。

“我不知道说什么好，”停顿了一会儿，他开口说道。

“不需要再说些什么。事实是，”她继续说，“这个公司的女性和少数民族的人都能得到提拔重用，我的个人经历说明了这一点。而且，我在迈入公司门槛时就知道我必须刻苦工作，比其他人选业绩更好。我敢打保票，你也会干得同样出色。但身居高位的家伙在不征求候选人意见的情况下就断定什么对他们是好的。我晓得，当这事发生在自己身上时就会满腹牢骚，所以我不想继续按这个模式走下去。虽然我还没有做好任用你的准备，但我确实想让你知道人们在谈论些什么，我也很想知道你的反应。”

辛西娅想让史迪夫再次推销自己，就像第一次面试的情况一样——主动要求表现机会，即使让他负责的地区很棘手。但这次他的反应与那次相比要温和许多。

“只要我们彼此敞开心扉，我必须说我心里也没有谱。出于个人原因我很想在这里多待几年。但是我绝不会接受一份使我注定失败的工作。在这个大区的其他区域内，黑人干得非常出色。”

辛西娅感到泄了气，"那——那么你不想让我再考虑你了？"

"我没有那么说。我在寻思，我一定要做到心中有数。如果你给我这份工作，我不能就此步入灾难的深渊，自毁前程。我并不在乎长远打算，但绝对不要毫无成功希望的机会。"史迪夫回答说。

他觉察到辛西娅有些迷惑，马上笑起来，这是他独特的个人魅力所在。"辛西娅，真对不起，好像我把球又踢给了你。但从你告诉给我自己的亲身经历看，我相信你能做出正确的决定。我也会。"

辛西娅应该雇用史迪夫吗？ ……

戴维·A. 托马斯

小赫尔曼·莫里斯

达赖尔·凯恩和艾利西亚·梁

格伦·C. 洛里

戴维·A. 托马斯

戴维·A. 托马斯(David A. Thomas),哈佛商学院工商管理教授。

令我常常惊讶不已的是:公司经理人们假设其客户不如他们那样友善或者正派。他们常说,“也许我愿意接受一位能干的少数民族员工,但不敢肯定客户是否乐于接受。我可不愿冒自己被证明是错误的风险。”其假设成了自行应验的预言。

彼得·琼斯所做的就是这样一种假设。他不失时机地忠告辛西娅·米切尔不要任用史迪夫·里普利。同过去相比,现在不大会有这种事。今天更有可能发生的情况是,当辛西娅向彼得汇报时,彼得不尽可能明确地表达自己的意思,即辛西娅不能任用史迪夫。相反,他会含糊其词,模棱两可。结果是史迪夫会被任用。随后,工作刚刚露出困难苗头,人人都成了事后诸葛亮,品头论足。他们说:“我早知道这样行不通,”但就是不花精力帮助史迪夫渡过难关。人们如果能报以同情,说些理解的话已经很不错了,但没有人说:“我来指导你,共同分析一下你用的是什么样的销售技巧。让我们在客户面前说你的好话，力挺你。”

如果辛西娅任命史迪夫做这个工作——她应该这样——如下就是应该做的事。首先，辛西娅做必要的准备工作，详细了解客户。然后她向史迪夫提供潜在好客户名单，并让客户知道自己已经进入受欢迎者名单了。这会对客户产生影响。他们会认为辛西娅不会任用一位冒犯最好客户的销售代表，结果他们就更容易接受史迪夫。

其次，辛西娅必须毫不含糊地支持史迪夫。我在研究事业成功的少数民族专业人士时发现，他们很多人认为自己曾经经历过取得成功的关键时刻，就是在客户拒绝他们服务的时候，其主管经理毫不犹豫地反驳客户：“他是我们公司最优秀的员工。”这类支持可能就是辛西娅所能给予史迪夫的最重要的东西。

辛西娅应把自己当成史迪夫的保证人。这就是说要与史迪夫一块工作，当与其他人一起工作时，还要表达自己对史迪夫所寄予的厚望。她还必须让其他销售代表知道史迪夫非常优秀。如果他们知道这个信息，就会给予史迪夫支持，在日常生活关系网中接纳他。

辛西娅还应帮助史迪夫辨别各种信息。当他或她刚刚在社会生活中开始工作时，自己的社会意识稍微偏离常规是非常正常的。或许史迪夫因一项社交活动受到邀请，但自己认为不重要而放弃——但是它很重要。他的缺席会引起对他不利的议论，因为每个人都

假设他深明事理。因此，由于这家公司对黑人成功寄予低期望值，辛西娅帮助他驾驭这类事情尤为重要。

反过来，史迪夫也要非常明白自己需要辛西娅。大概他会低估所处环境对自己的不利程度。他只知道自己优秀，自己有文凭——怎么可能失败呢？如果他工作进展不顺利，必须快速扭转局面，他需要辛西娅帮助他找到问题根源。

如果我是史迪夫，我将描绘一年后成功销售代表的形象，以此为标准检验自己。如果每个人很支持我，但没有转化为相应的业绩指标，那么我就要主动与别人交换意见。史迪夫还要找公司的非洲裔美国人交流取经，这些人在农业基金公司已经取得了成功。（辛西娅应助一臂之力。）请求他们给予帮助，搞清其辖区业务运作方式。（我敢打赌说其他区与本区很多地方相似。）这些人在某种程度上能够消除悲观预测。史迪夫还有可能找到一些具有强烈自我意识的人士，他们会告诉他为什么业绩不佳。

小赫尔曼·莫里斯

小赫尔曼·莫里斯(Herman Morris, Jr.),田纳西孟菲斯电灯、煤气和供水分公司的总裁兼首席执行官。

辛西娅的问题并非不同寻常。我曾安排男女青年到种族歧视非常严重的地区工作,知道他们需要很多帮助才能取得成功。当然我也在自己的事业发展中遭遇阻碍。所以我完全理解双方的风险。

因为史迪夫具备良好的素质,是第一人选,所以辛西娅应任用他。让心存歧视的客户阻碍辛西娅任用一位最符合条件的人才,那显然是错误的。(也会使公司冒着歧视诉讼的风险——我相信这是很有法律依据的诉讼。)

辛西娅一旦任用史迪夫,就应该鲜明果断。她需要直率,不遮不掩,很明显她做得到这一点。告诉史迪夫这可能是分派给他的极为棘手的第一项任务,向他保证自己将给予支持,即使不时遇到巨大困难也不改变承诺。农业基金公司是在要求史迪夫承担巨大的风险,因而我认为比较合理的做法是:如果这项任命失

败,应向史迪夫提供第二次机会。

辛西娅自己也面临巨大挑战。她要使一个15年来不断流失客户的地区的业绩发生转变,可这种情况并不会在一朝一夕发生。但很有可能这就是辛西娅和史迪夫的希望所在,因为在辖区内某些潜在客户迫切需要优质服务。如果他们发现机会来临,就会让服务左右自己的决定,反而把性别和种族等撂在一边。毕竟服务是最伟大的"一杆秤"。

彼得和其他地区经理应该好好反思。彼得说他想让史迪夫有个事业发展的良好开端,但他那家长式作风值得怀疑,有人身攻击之嫌,因为没有迹象表明农业基金公司曾设法改变客户的态度,曾设法指导和支持在这之前参加工作的少数民族销售代表。彼得对史迪夫表面上偏爱备至的关怀虚伪得很,只要我们想一想辛西娅的前任就明白了——他竟然能够容忍一名业绩不彰的地区经理工作15年才将他免职。

其他地区经理的沉默不语表明他们知道彼得不会支持任用史迪夫。这给我的印象是,整个公司都在看着一个富有才华的年轻人的事业被断送而袖手旁观。这种坚定的不作为是有害的,它剥夺了史迪夫取得成功、承担失败、做出尝试或者找出原因的机会,还剥夺了农业基金公司收回在他身上投资的机会。

史迪夫应不应该接受这份工作呢?当然,目前他的事业发展之路被封堵了。他在班里成绩第一,却是最后一个找到工作。绝大多数区域经理不无偏见地认为，他失败的原因在条件限制，不是他自己的错。如果他成功了——若帮助辛西娅扭转了区域市场困难局面——那么，在公司的发展前途的确令人鼓舞。因此，我建议他向辛西娅提出要求：如果辛西娅保证支持他并给予发展机会，那么就可以接受这份工作。

这给我的印象是，整个公司都在看着一个富有才华的年轻人的事业被断送而袖手旁观。这种坚定的不作为是有害的。

反过来，辛西娅要和史迪夫密切合作。若销售队伍业绩不理想，辛西娅应及时助一臂之力。除了日常指导外，毫无疑问，史迪夫需要辛西娅在必要的场合站出来给予支持。我的第一份工作是律师，工作期间如果客户因为我的肤色存心找茬，他或她就会从高级合伙人那里听到非常强烈的话语："你聘请了我们公司，我们所有的律师都很出色，都会得到公司的全力支持。"史迪夫经常需要此类的支持。如果他能够得到这些支持，就很有可能实现长期发展目标，取得成功。

达赖尔·凯恩和艾利西亚·梁

达赖尔·凯恩(Daryl Koehn),休斯敦圣托马斯大学商业伦理研究中心主任。艾利西亚·梁(Alicia Leung),香港浸会大学管理学助理教授。他们两个合作研究跨文化交流产生的伦理问题。

辛西娅不赞同彼得的推理是正确的。彼得把史迪夫通过坚持不懈和坚强意志取得的巨大进步置诸脑后。毫无疑问,他本人过去曾遇到过歧视问题,有一套固定的应对方案。阿肯色市场看来比较棘手难办,但实际上,从打开工作局面的能力看,史迪夫比农业基金公司的其他销售代表更合适。若干研究显示,习惯于被当成外人的少数民族人士在压力和困境中的表现强于其他人群。如果辛西娅认为史迪夫是这个工作的正确人选,那么就应该聘用他。然而,她应确保管理层为这一区域制定合理的销售目标。没有人能在一夜之间让该市场改天换地。

若彼得认为阿肯色州的所有农民怀有种族偏见,那么就处境危险。他所谓的种族偏见只不过是地方保守主义或者乡下人对城市人的怀疑心态。农民过惯了自给自足的生活，相当沉默寡言，但是，史迪夫的魅力和机敏能够拨动他们的心扉，即使这些潜在客户心存偏见，也不是不可战胜的。生活在中国大陆、港、澳和台湾之外的华侨虽然长期以来受到当地人的歧视，但仍然在世界各地发展，成为业绩卓著的商界精英。

许多跨国公司面临相似的情景。多少年来，白人总裁们认为不能任用女职员担当跨国公司职位，因为当地人不喜欢和女性外国人打交道。然而许多研究显示，妇女在日本、韩国和中东地区取得了卓著的经营管理成就，这些地方的特点被（男性白人）认为是敌视女性的。女性在学习世界各地的隐蔽生活习惯上具有明显优势，也具有成功发展私人关系的能力，所以比男人更有机会建立高端商务关系。彼得想当然地认为史迪夫的种族和文化差异会成为障碍，但差异反而是建立关系的助推力，不是障碍。

的确，亚洲人和欧洲人常常认为美国男性白人对形形色色的文化差异表现出傲慢暴躁、迟钝和冷漠，但彼得可能会毫不犹豫地把男性白人派到国外工作。该案例既涉及想象中的阿肯色人的偏见，也涉及彼得的偏见和成见。

把种族偏见强加给阿肯色的客户听起来像是农业基金公司的高层管理人员逃避批评的托词。企业经理人常常把不好的经营业绩归因于外部因素——如 9・11 事件、亚洲金融危机、千年计算机病毒，但是事实是，阿

肯色市场业绩15年来一直在下降，部分原因是高层管理人员没有及时清除碌碌无为的经理。与其纠缠于史迪夫是否应该到阿肯色工作，农业基金公司倒不如检讨公司的人力资源评估体系、广告和营销战略以及在阿肯色的产品供应。与其坐等"恰当"的职位给史迪夫，倒不如为全体雇员创造机会。

农业基金公司显然存在就业的双轨制——白人走快车道，女性、少数民族人士走慢车道。若公司不去创造性地思考自己的员工、市场、产品，那么如史迪夫和辛西娅这样的优秀员工将会投入更有活力的竞争者的怀抱。

格伦·C. 洛里

格伦·C. 洛里(Glenn C. Loury),波士顿大学的经济学教授,同时还是该校种族和社会分裂研究所的奠基人,所长。

敬请原谅,虽然是位经济学家,我仍然把本案当作社会问题看,不局限于对个人和组织影响的层面。有时对社会整体有利的不一定对社会中的个体最有利。

当然我明白这位候选人为何不得不抑制自尊心,说:"咱们谈点别的吧。"这项任务的风险非常高,他完全有权说"不,谢谢。"从他的角度看这也许是最聪明的选择。同样地,我也看出来公司的经理们为何不任用他做这个工作。因为他们深信如果让史迪夫干将会危及公司利润并进一步分化客户,导致那些本来就不太满意的客户流失。他们还深信这将降低少数民族雇员成功概率。我不知道如何谴责他们只关心这些业务指标,毕竟他们的本职工作就是关注这些指标。

但是,如果公司坚持不任用史迪夫,或者史迪夫决定不干——两个决定的理由都很完美——那么一个严重的社会问题就不会得到纠正。

若其他销售代表不愿与史迪夫共事，公司可以对他们施加影响。如有必要，可以对不合作员工进行教育，也可开除了事。若中层经理固执地不提拔少数民族的人选，那么高层经理也能解决问题。但如果问题出在客户对农业基金公司销售代表有看法，公司就根本没有法律手段，施加不了多大的影响。这就是本案例有意思的地方。你总不能状告你的客户吧！

但我绝不是简单地说："还是避重就轻，雇用其他人吧。"若辛西娅这样做，就让客户左右了局面，就使很陈旧的种族思想永世长存。我们都不仅有责任思考什么是高效率的，还有责任思考什么是对的。如果人人都做一点反抗，事情就会发生质变，我认为该说法一点也不是空想和天真。

我们真的敢肯定这个小伙子会失败吗？关于他自己的表现我们知之不多。我想，一个城市来的黑人——穿戴和言谈举止都符合城里黑人规范——在这个地区将会遇到很大麻烦。但必须考虑到史迪夫在世界各地的志愿行动中已锻炼成熟，学会了如何适应水土。他大概是这样的人——能喝对路的啤酒，有正确的体育爱好，言谈符合环境。辛西娅和彼得应把这些牢记心间，并基于他的特点（不是肤色）做出正确判断。史迪夫大概能降伏那些农民，我不相信农民都是坏人。

即使史迪夫偿试着去适应环境，为自己争取一席之地，但仍然存在不少的风险。我想——难道没有可以使他免受伤害的方法吗？就我所知，在许多企业，步步高升的人走的是一条平坦大道，从成功走向成功再到成功。在农业基金公司大概如此，如果前期工作搞得不好就别想爬得太高。但毕竟环境特殊，如果史迪夫接受了这份工作，为了不毁掉他的事业前程，难道就不应该向史迪夫做出某些保证吗？若他是个非常恰当的人选，辛西娅应该擢升他，但也要提供许多支持，包括这样的意思：即使这项任务干得不好，他仍能和公司荣辱与共，共同发展。

案例六

优秀的员工被精神压力击垮了

黛安·库图

案例提要

“情况比我想象的还要糟……她完全失去了理智，”哈里·比彻姆(Harry Beecham)说，他是蓝筹管理咨询公司——皮尔斯公司(Pierce & Company)的首席执行官。此刻，这位总裁困惑不已，正和妻子住在阿姆斯特丹一家宾馆的套房内，他们定期到世界各地的皮尔斯办事处巡回视察，这是最后一站。他手里拿着一叠纸——这是他的优秀雇员和心腹爱将凯瑟琳娜·沃德博格(Katharina Waldburg)反复传真过来的电文，内容一模一样。她警告说：世界末日就要来到，“某人行将灭亡”。

哈里从来不曾想凯瑟琳娜会有如此之作为。她从牛津大学以出类拔萃的成绩毕业后，单枪匹马地工作，为皮尔斯公司开拓了组织行为业务，她也为自己赢得了盛誉。在27岁时，她成为这家企业有史以来挑选的最年轻合伙人。

即使如此，哈里对自己手拿的传真可不能置之不理。对凯瑟琳娜发给皮尔斯公司柏林办事处主管之一的意识流性质的电子邮件也不能大意，绝大部分内容胡言乱语，如果它们泄露出去，将可能对凯瑟琳娜的声誉造成灾难性的后果。哈里也不能置柏林办事处经理罗兰·弗罗利

(Roland Fuoroli)的报告于不顾,报告说他和凯瑟琳娜发生了激烈争吵,还报告说,凯瑟琳娜“瞒着上级”约皮尔斯公司的客户共进午餐,期间她向客户解释“字母”在创造宇宙过程中的作用。

哈里打算到柏林后与凯瑟琳娜谈话。他应该说些什么?是不是太晚了?有四位评论家针对这个虚构的案例提出自己的忠告。他们是:凯·雷德菲尔德·贾米森(Kay Redfield Jamison),精神病学教授,是《狂躁抑郁综合症》(*Manic-Depressive Illness*)的作者之一;戴维·E.米恩(David E. Meen),麦肯锡公司的一名前主管;诺曼·皮尔斯汀(Norman Pearlstine),《时代周刊》的栏目主编;理查德·普里莫斯(Richard Primus),密歇根大学的法律助理教授。

哈里·比彻姆每晚睡眠时间很少超过5小时，这是他执掌皮尔斯公司所付出代价之一。该公司是蓝筹管理咨询公司，总部位于美国纽约曼哈顿，有42家办事处遍布世界各地，还有两个在筹建中。最近一个月内，他到该公司的全球业务网点巡查，从休斯敦和芝加哥到伦敦、柏林、伊斯坦布尔，然后转道北京和新加坡。今晚他又回到伦敦，只能停留一晚上。

哈里被时差弄得身心疲惫，渴望休息，大约十点他就上床休息，嘱咐萨沃伊(Savoy)宾馆前台处理所有来电。1个小时后手机响了起来，“该死的，会是谁呢?”他一边起身，一边不停地咕哝，接着把灯打开。

“哈里，你好，我是卡尔。”卡尔·冯·施威林(Karl Von Schwerin)是皮尔斯公司柏林办事处的主任之一，哈里的密友。这两个人只要有机会就会一起到圣·安德鲁斯打高尔夫球，并且互是对方孩子的教父。“我把你从睡梦中吵醒了，真对不起，但是我不断地收到凯瑟琳娜发来一大堆电子邮件，内容疯狂至极。我想简直坏透了。”

凯瑟琳娜·沃德博格是皮尔斯公司最炙手可热的年轻咨询师，哈里的心腹爱将。他们9年前认识，当时，凯瑟琳娜是牛津大学的新生。她写信给他请求在

暑假期间雇用她到公司见习。因被她的大胆所感动，他决定冒险一试。凯瑟琳娜迅速地树立了充满睿智和创造力的年轻咨询师形象。两年后，当这位年轻人以令人称羡的第一名的好成绩从牛津大学毕业后——因大学心理学总成绩最好而获得乔治·汉弗莱奖——哈里在皮尔斯公司为她安排了一年助理的职位。

该决定没有费周折。对哈里而言，凯瑟琳娜不只是一个天马行空的思想家，她还是一个创新者。哈里看得出来在他为公司21世纪发展聘用的年轻人中，凯瑟琳娜将成为佼佼者，一颗闪亮新星。迄今为止，凯瑟琳娜的表现大大出乎他的预料。在极为倾向于发展运营管理和财务顾问业务的公司，她几乎单枪匹马独自开拓了组织行为的业务咨询领域，而且有声有色。她的业务知识日渐深厚，虽然她不是觊觎权位者，但具有担当首席执行官助理的天赋。她的点子总有一种不可意会的效应，最终使客户成为公司的回头客。毫不奇怪，虽然只有27岁，她已经成为公司有史以来挑选的最年轻的合伙人。

“喂，她在电子邮件里说了些什么？”哈里问，手揉了揉眼睛想赶跑睡意。

“麻烦事来了。几乎全是胡言乱语。”卡尔汇报说。“内容充满了意识流之类的货色，说起来没完没了。其中之一是不管黎曼假说是什么东西，让我们不要解释。另一个传真有四页纸那么长，揭露在公司内部是如何把女人当成妓女一样对待的。哈里，我告诉你，凯瑟琳娜有些不正常，如果内容泄露出去，她将英名扫地。我们应该尽快采取措施。”

哈里皱了皱眉。这是他当下最不想听到的一件事。“卡尔，明天我要在阿姆斯特丹召开客户会议，然后再与卡罗琳会面。我实在没有时间考虑这事。你是凯瑟琳娜的密友，给她打个电话，弄明白问题所在，劝她休息几天。本周末我就返回柏林，然后亲自与她谈话。”

与上司爆发冲突

柏林时间凌晨3点半，凯瑟琳娜·沃德博格毫无睡意，两眼大睁。自从她的诗人男友休(Hugh)抛弃她转身爱上了满头金发的瑞士哑巴姑娘，她有好几天没有合眼了。但她并没有心烦意乱。沮丧地沉思冥想不是她处理问题的方式。她非常清楚地知道如何应付这种境遇：洗去征尘，继续前行。

尽管天还很早，凯瑟琳娜冲了个澡就直奔办公室。她跳进红色的宝马敞篷车，这是她爸爸在她最近得到大幅提拔后送给她的礼物。她驾着车在街道上飞驰，道路两侧建筑比肩而立，整齐排列。时速提到130公里，又长又湿的秀发迎风飞舞，凯瑟琳娜感到自己就是

电影明星,特别地兴奋。纵然到了凌晨4点,柏林似乎仍充满生机。人们在库代姆(Ku'dam)咖啡店吵吵嚷嚷,一些留着白胡须的家伙在大街上游荡,穿着T恤衫,谴责美国会发动下次世界大战。看看自己的表,她于凌晨4点22分把车子开进办公楼停车库,分秒不差。(真奇怪——这正是她出生的时间。)乘电梯到达9层,急匆匆穿过玻璃大门。

走进皮尔斯公司的办公场所,凯瑟琳娜马上打开灯,冲进自己的办公室,打开电脑,坐下来写作。她才思敏捷,文采飞扬,以前从来没有过这种感觉。她写作的主题是"语言的退化",自己已经酝酿很久,思路日渐清晰。她写人们感觉事物时的不自在的现实表现,及其非理性感觉对经济选择行为的影响。她兴高采烈,确信自己的思想将改变整个世界。

她的注意力是如此集中,以至于根本没有意识到罗兰·弗罗利(Roland Fuoroli)在早上7点半时步入她的办公室。罗兰是皮尔斯公司柏林办事处的负责人,并且是凯瑟琳娜的顶头上司,还是削减公司成本主管之一方面最成功的。在绝大多数情况下,他们两人并无多少共同话题,部分原因是罗兰是个追求完美的政治家,所谓的政治是凯瑟琳娜不屑一顾的雕虫小技。另一原因是罗兰不看好组织行为业务发展前景,并且对此直言不讳。罗兰注重实效,没有太大耐心去搞那些"实效不明显的赌博游戏"。正常情况下,凯瑟琳娜与罗兰接触总是毕恭毕敬，言听计从。但今天她却感到自己无拘无束。

“你想要些什么？”当凯瑟琳娜看到罗兰时，心有怨气地问。

“我想知道你在干些什么，”他解释到，如往常一样温文尔雅，彬彬有礼。“你在这里连续坐了一周之久了，我想弄明白如何才能帮助你渡过难关。”

“你帮助我？”凯瑟琳娜咆哮道，狂笑起来。“我不需要你的任何帮助。”

“那么，凯瑟琳娜，”罗兰平静地回答说，“别这么粗暴生硬。”

“粗暴生硬？”她反唇相讥，“你知道什么呀，罗兰？我有可能粗暴生硬，但你却很平庸。并且我总能迈入著名学校的门槛，你却只能在普通学校就读。”

罗兰气得剑眉直竖，两眼发直，过了整整一分钟才缓过神来。“凯瑟琳娜，”他语气缓慢而有力地说，“我不知道你这是为什么，有点莫名其妙，但我无法接受你这样的言语攻击。你已变得不值得尊重，如果你再继续这样任性放纵自己，就永远也别想做合伙人。”

凯瑟琳娜故意停顿片刻，“哦，真的吗？”她大声嚷，“那么，我倒要看一看你如何起诉我？如果我是男人，我的粗暴生硬永远不是问题。”

罗兰恨不能找个地板裂缝钻进去，走出办公室。凯瑟琳娜的攻击太恶毒，他一瞬间曾想她会不会武力

攻击他。他自言自语地说:“真是难办。”

苏醒过后的狂想

与罗兰争吵过后,凯瑟琳娜回到家继续疯狂写作。欢快地打了一个小时字后,凯瑟琳娜的心情豁然开朗,清楚自己该做的事——即与别人分享她的计划。她知道谁人能与她分享,这人就是乔西·米勒(José Müller)。打电话给他,幸运极了,他恰好在办公室,两位朋友就约好下午一点到宝查德(Borchardt)酒吧见面,共进午餐。

他们两个常在一起吃午饭,都乐于对商界风云人物评长论短。乔西今年59岁,现任德国米斯卡·AG(Mitska AG)公司的董事长兼首席执行官,该公司是德国最大的零售连锁企业之一,总部设在柏林。他是西班牙吉卜赛舞蹈演员和德国商人结合的产儿,既严肃认真,又桀骜不驯,敢创敢干。就凯瑟琳娜所知,他比其他人更有商业头脑。过去30年中,他把西德一家经营保守的家族式百货店改造成为一家低成本运营的零售连锁集团,并于1992年使公司公开上市,乔西摇身一变跻身于欧洲财富排行榜。他并不是凯瑟琳娜的客户——罗兰与他有业务往来——但他两人在皮尔斯公司举办的一次宴会上相识并发展成为密友。乔西喜欢凯瑟琳娜，认为她活泼可爱，而且与自己相似，有着强烈的竞争欲望。

凯瑟琳娜步入餐馆，看到乔西正在那里等，丝毫不感到惊讶。他为凯瑟琳娜拉出椅子，服务员把菜单递上来。凯瑟琳娜精神饱满、神采奕奕，豪爽劲也上来了。乔西要了一瓶酒，两个人开怀畅饮，直到凯瑟琳娜把话题转到正事上来。“喂，乔西，”她说，热情似火，脸颊菲红。“我已经反反复复考虑过了，认为贵公司可以实施收缩激励计划。你可以通过鼓励高级管理人员获得自己所需要的帮助，转变整个公司的赢利模式。”凯瑟琳娜停下来，身子向前靠了靠，等待回应。

乔西大为迷惑，“嘿，慢点说。我不明白你说些什么，我们是不是在讨论公司收缩的事？或者节俭？降低无谓的存货损失？”

“哦，乔西！”凯瑟琳娜叫起来，有点不耐烦，“你得跟上我的思路。我是指心理损失，不是指身体损失。我在说，某些损失是如此严重以致永远也无法弥补。聪明人士要处理各种各样的事情——就像你和我——有时他们需要缩小管辖范围，他们减轻工作压力需要帮助。否则，工作无法集中精力。如果稍微想一想，你就会认同我的观点，不像听起来那么奇谈怪论了。”

乔西靠到椅子上，笑起来：“凯瑟琳娜，这是我所听过的最滑稽的念头。零售商不需要收缩，当然我一点儿也不需要。无论如何，我认为治疗似乎是哄骗人的

伎俩。”

凯瑟琳娜突然放声大哭，乔西吃了一惊，被她的突然发作弄懵了。“喂，凯瑟琳娜，我可不是一个心理医生。现在你该明白了吧。这是怎么回事，是开某种玩笑吗？你笑，你哭，提出愚蠢的收缩激励计划。你是不是在愚弄我？”

“忘掉它，别提啦，”凯瑟琳娜回答说，“这还不是我真要和你切磋的问题，我还有更重要的话题与你讨论。”一会儿，她的心情开朗起来，目不转睛地注视着乔西，眼睛闪闪发亮。

“乔西，我现在能看到遍布各地的符号标志。就以柏林为例吧，我的意思是盟军 9 月 12 日把它一分为二，9 月 12 日是我的生日。约翰和杰克·肯尼迪于9月12 日结婚，后来肯尼迪总统来到柏林，并说‘我是柏林人’。现在，我成了柏林人。我有生以来第一次感到我能发现任何事物之间的联系。”

乔西对凯瑟琳娜的奇谈怪论是丈二和尚摸不着头脑。他惶恐不安，迂回地规劝说：“凯瑟琳娜，我认为你的发现纯属巧合，它们不过是随机发生的事情而已。”

“我不只是把事情拼凑起来，”凯瑟琳娜回应道，声音发颤，拳头紧攥。“我告诉你，我正在得到各种各样的信息——换句话说，我正在得到神的启示。”她靠在椅子上，压低声音。“你知道，我不能证实，但我深信不疑上帝用一个字母就创造了世界。”

“乔西，我现在能看到遍布各地的符号标志……我不能证实，但我深信不疑上帝用一个字母就创造了世界。”

乔西难以置信地端详着凯瑟琳娜，实在不能断定她是精神崩溃了还是真的取得了突破，但他知道再也不能让她不安了。“好吧，”他说，“那么，请告诉我上帝用什么字母创造了世界？”

“哦，可能是i，”凯瑟琳娜高兴地说，然后就狂笑不已，笑得差点从椅子上摔下来。“或者可能是u，u可能是上帝送给世界的礼物！”

乔西用餐巾擦了擦嘴，抓起凯瑟琳娜的胳膊。“走吧，”他局促不安地说。“你肯定喝多了，时间到了，回家吧。”

她的恐怖启示

凯瑟琳娜不知道与乔西共进午餐后是怎样回到家中的，她的意识在现实和非现实的波涛中漂来漂去，什么也想不起来，直到她发现自己在盯着空空的烤炉才清醒过来。客厅里的电视开着，发出喧闹的声响。凯瑟琳娜听留声电话，试图不理睬电视，卡尔来电六七次要她回电话；罗兰扔下愤怒的留言，说他已经跟乔西交谈过，乔西告诉他凯瑟琳娜精神崩溃了。

凯瑟琳娜把电话线从墙里拔出来，现在不能见任何人，她感到自己完全暴露，被出卖了。她走进客厅，扑倒在长沙发上，把电视频道定格在ARD台，开始看晚间新闻。内容和以前一样无聊乏味，美国的盟国，包括军队和平民，正在为美国入侵伊拉克付出惨重代价。在中东另一个地方，以色列进攻约旦河西岸和加沙地带又打死了15名巴勒斯坦人，使最近两个月的死亡人数上升到了422人。(4-2-2——正是她的出生时间!)突然，她产生了片刻的恐惧，感到自己好像在自由坠落中冻成了僵尸。此时凯瑟琳娜意识到核战争已经迫在眉睫，并且柏林行将化为乌有。

她意识到必须通知哈里灾难即将降临，并且现在就得办。她立即给纽约的哈里秘书打电话询问哈里现在何处。她在一纸片上记下传真号——31日荷兰，然后4159265——凯瑟琳娜放下话筒，从冰箱取出一听可乐，一饮而尽。然后走到电脑旁坐下开始写她工作以来可能是最重要的一封信。

亲爱的哈里：

现在你大概听说了我和罗兰争吵的事。但我必须告诉你，这确实是一个组织上的问题。你雇用了你所能发现的最聪明的女人，然后你把我们这些人置于那些害怕我们智慧的男人之下。但是，哈里，我有更重要的事相告。请听我言，我看到的每个角落都给我启示，使我预感到世界末日即将来临。昨晚我在电视上看了影片“Z”，讲述被谋杀政治家的故事。我无法理解，但我肯定某人要灭亡，我却不知道原因为何。你呢？哦，哈里，我期盼能够向你解释我现在是多么害怕。如果你和我能在一起有多好！

K.
（一位发怒的女人）

凯瑟琳娜把写好的信传真给远在荷兰的哈里，为确保他能收到，她连续发了第二遍、第三遍，直到她认为自己做了该做的事。她思维混乱，疲惫不堪，倒卧到床上，关掉灯。仍然无法入睡，凯瑟琳娜又一次进入漫漫的不眠夜。

世界末日

晚上9点11分，在阿姆斯特丹的比尔德博格花园酒店，服务生敲开了哈里和他妻子居住的房间，手里拿

着几页传真。“对不起，打扰您了，先生，发送人说这些传真特别急。”

哈里快速地瞄了瞄凯瑟琳娜的传真，一屁股靠坐在椅子上。“我的天，卡罗琳，事情比我想象的要糟糕得多。她不只是愤怒，她疯了，完完全全失去了理智。”

哈里走到房间吧台为妻子调制了一杯曼哈顿酒，自己倒了一杯马丁尼。哈里一边喝酒，一边回想最近发生的事，试图在心里把它们逻辑地联系起来。

这些事他稍微知道一些。他有一位能力出众的伯母，在试图购买波哥大(Bogotá)后，在精神病院结束了自己的生命。但就凯瑟琳娜而言，一切发生的那么快。直到最近几天前，她还是皮尔斯公司最优秀的顾问之一。她不停地向客户介绍实干型偏执狂的优点，在德国这样的国家，企业总裁们都在为谋求哪怕是一点点的竞争优势而疲于奔命，她的关于偏执狂型企业的思想产生了巨大的冲击力。

但是，在办公室攻击罗兰、冒犯客户已经逾越了可以忍耐的红线。

“为她自己，也为公司着想，她必须停止工作。”哈里告诉卡罗琳，斩钉截铁。“问题是，我是否应该把她开除了事？这正合罗兰心意。他已经告诉我，如果凯瑟琳娜的严重违纪行为被大事化小，小事化了，仍然做公司的合伙人，他就离开公司。她出去与自己的客户喝得酩酊大醉，胡言乱语，实在是可忍，孰不可忍！但是，如果我们把她解雇，我们会被起诉。如果我们不照料凯瑟琳娜，还有谁会关心她呢？”

卡罗琳点点头，她想起凯瑟琳娜唯一活着的亲人、几个月前才刚刚辞世的父亲。她紧挨着哈里坐到沙发上，“你可说服她休病假。也许这就是凯瑟琳娜需要的——花些时间让她回到现实中来。”

“事情可没有这么简单。”哈里对此说法摇头否定。“她非常自立。另一方面，她根本无法判断什么对她自己最好。卡罗琳，你是不是认为我应该想方设法把她送进医院治病？我的意思是说，我凭什么这么做？的确，在与罗兰和乔西打交道时，她表现出极差的判断力，并且发出一些稀奇古怪的文件。但如果我设法把每个向我发送乱七八糟电子邮件的员工送进医院治疗，精神病院将人满为患。”

似乎没有更多的话说，哈里和卡罗琳静坐了一会儿。最后哈里消沉地自语道：“你想想看，在某种程度上，我感到自己应负部分责任。罗兰三次告诉我说他不想让凯瑟琳娜在柏林工作，他感到了凯瑟琳娜的威胁——现在我明白了——但她强烈要求在柏林工作，以至于我说服罗兰接纳她。可能是他们之间的这种紧张关系把她推到了悬崖边上。她是那么有才华，我想她会排除前进道路上的任何障碍的。很明显，我们并没有看到存在的脆弱性，我想凯瑟琳娜自己也没有看到。”

“现在她以每小时200英里的速度朝前发展。事不宜迟，可我周五才能到柏林。凯瑟琳娜也会与其他客户接触，或者更糟的是，她有可能自残。多么糟糕！我真的不知道该做些什么。”

就凯瑟琳娜的问题，哈里应做些什么呢？……

凯·雷德菲尔德·贾米森

戴维·E. 米恩

诺曼·皮尔斯汀

理查德·普里莫斯

凯·雷德菲尔德·贾米森

凯·雷德菲尔德·贾米森(Kay Redfield Jamison),巴尔的摩约翰·霍普金斯大学医学院精神病学教授,经典医学教材《狂躁抑郁综合症》(*Manic-Depressive Illness*)(牛津大学出版社,1990)的作者之一,麦克阿瑟奖获得者。

在该案例中,极为重要的是,我们要认识到凯瑟琳娜疑似狂躁病症的这样一种疾病并不罕见。平均而言,100个人中就有一个患有严重的狂躁抑郁综合症(也可以称双极病),另外两三人的病状较轻。在人才竞争激烈的环境中,例如像皮尔斯公司,患病人数更多。换句话说,不少商务人员患有这种疾病,只不过人们怀有羞耻之心而不承认罢了,因此也得不到治疗。

这种情况令人遗憾,因为狂躁抑郁综合症是可以治愈的——科学已有明确结论。

为了有备无患,针对哈里·比彻姆遇到的难题,公司应采取几项措施。措施不只是在工作场所公布如何处理精神病危机的一般原则,公司还应制定具体措施使公司管理人员在遇到类似凯瑟琳娜情况时有章可循。例如,公司应确保高层管理人员接受良好培训,具有辨识主要心理疾病的能力。

我认为无论怎么强调制定处理原则的价值也不过分。当今时代,首席执行官想做的事和在法律上能做的事差别太大了。

应对身患狂躁症的公司雇员应遵守如下步骤。首先要考虑保证当事人本人和办公室其他人员的安全。其次详细记录与该患者有关的所有交易和行为。这样做极为重要,因为类似本案的情况会通过法律途径解决。当公司解雇员工时,除了一般的法律考虑外,喜欢打官司也是躁狂病患者的共同特征,充足的案卷材料能适当保护公司利益。

公司还应注意狂躁抑郁症会引发不计后果的财务冒险行为;因为不计后果被认为是该疾病的"副产品"。哈里需要迅速采取措施加以解决,避免招惹潜在的财务麻烦。

皮尔斯公司要考虑采取干预措施。公司要想方设法规劝凯瑟琳娜面对患病的现实,需要治疗。在工作场所外采取干预治疗措施时,与患者关系密切的人和社会成员(例如,家庭成员、朋友或者神职人员)应积极参与。然而从法律角度看,公司没有能力把这些人召集起来。公司如果这样做,又会产生诸如个人隐私和其他敏感的问题。哈里所能做的是把凯瑟琳娜的几位同事召集起来,让他们协助凯瑟琳娜寻找良医妙方,甚

至进行必要的住院治疗。

随着治疗工作的进展，绝大多数患者可以重返工作岗位。凯瑟琳娜需要休息一段时间才能康复，但恢复的前景光明。皮尔斯公司有一种方法可帮助凯瑟琳娜，即仅向她保证一旦成功康复，公司就欢迎她重返工作岗位。不幸的是，许多公司常常认为精神病无法治愈，所以即使患者治愈了，他们也很难再被接受。根据我的经验，即使像医学院这样被认为相当熟悉精神病的医疗机构，在重新接纳治愈雇员问题上也非常苛刻。在这里像在商界一样，非常重要的是，进行基本的教育，让人们了解狂躁抑郁症的症状，明白这种病是可以治愈的。

戴维·E. 米恩

2003年6月以前，戴维·E. 米恩(David E. Meen)是麦肯锡公司的一名主管。他在麦肯锡公司设有分部的一些地方担任了17年以上的分公司主管，其中包括加拿大、布鲁塞尔和土耳其。

虽然人们说，没有亲历岂言真正理解？但通过阅读该案例，我对躁狂抑郁症的可怕性有了简单和清醒的认识。哈里必须先把法律和经营问题撂在一边，把自己看成当事人，向身落苦难的人伸出援助之手，对凯瑟琳娜的境遇做出直率的反应。因为他的优秀雇员没有家庭，说句心理话，哈里最起码要承担道义责任。

> 哈里必须先把法律和经营问题撂在一边，把自己看成当事人，向身落苦难的人伸出援助之手，对凯瑟琳娜的境遇做出直率的反应。

从某些方面看，哈里做出这种反应要比大多数其

他的首席执行官容易。因为相对地，咨询公司是一个扁平化组织，层级少。哈里作为公司的经理完全可以把凯瑟琳娜当作自己的同事，我们可以把这种关系看成唇齿相依、宽容的自私心或者大家庭意识。就我所知，多数咨询管理服务公司的人力资源管理的目的就是促进员工的亲密感和加强人际沟通。实际上，这是该职业的吸引力之一，你能与才华横溢、激情四射的人士并肩工作，他们竭尽全力给予支持。既然凯瑟琳娜需要哈里，哈里在没有对她尽义务的情况下就不能撒手不管。

即使哈里是上市公司的首席执行官，采取人性化的态度仍不失为正确的做法。如果经理用尊敬和爱心对待遭受痛苦的雇员，那么公司内部就形成了用之不竭的友爱宝藏。这并非首席执行官做出人性化反应的唯一原因，但却是公司管理者常常忘却的道理。

由于哈里对公司和其他同事也负有责任，他大概不能挤出时间处理凯瑟琳娜问题，但也应该委派别人担此重任。正常情况下，应由凯瑟琳娜的部门主管负责，但由于她和罗兰的关系紧张，不融洽，让他参与无疑火上浇油，使她变成妄想狂。

正确人选可能是卡尔·冯·施威林，其优势是他与凯瑟琳娜是好朋友。然而即使让卡尔担此重任（与罗兰协商后），哈里仍然要密切关注事态发展，因为他要对皮尔斯公司和凯瑟琳娜负责，必须确保由凯瑟琳娜造成的危机得以妥善解决。因此不能委派工作后就撤手不问了。此外，卡尔处理起来也有较大的难处，其他经理也是如此。当他收到凯瑟琳娜失去理智的电子邮件，本能反应是去找哈里。如果他能花些时间弄明白危机的性质和程度，那就会更有效，也会更专业。

卡尔应立即与凯瑟琳娜交谈，判断她是否意识到自己行为的后果。也应该与凯瑟琳娜的同事交谈，弄清楚他们是否了解凯瑟琳娜的心理状态。然后设法知道凯瑟琳娜是否有私人医生或者精神病治疗专家，以便向他们通报病情。如果凯瑟琳娜有这样的专家，卡尔就要征求他的意见，看看皮尔斯公司如何才能给予最好的帮助。显然，上述问讯有可能把公司引入法律的灰色地带，但哈里和卡尔不要让这些问题阻碍他们帮助同事走出痛苦阴霾的努力。

凯瑟琳娜必须休病假。皮尔斯公司在做安排时应讲清楚她康复后可以返回工作岗位。如果确实回来了，凯瑟琳娜和哈里应就未来的职业定位认真交换意见。她是否能恢复的全天工作管理顾问？该职位的压力是否会加重她的脆弱性？她能干其他工作吗？像凯瑟琳娜这样才华出众的人有多种方法为公司创造价值，当然这是后话。现在凯瑟琳娜需要皮尔斯公司的帮助，皮尔斯公司也应该随时为她负起责任。

诺曼·皮尔斯汀

诺曼·皮尔斯汀(Norman Pearlstine),《时代周刊》的栏目主编。

当面临哈里这样的困境时,老板们的应对措施千差万别。尽管心里装着管理行为学的一大堆理论,现实情况却是公司领导人把他们儿时的成长经历和个人阅历带到工作中来处理问题,在遇到新问题时尤其如此。回到20世纪80年代早期,我就是其中一个。当时我是《欧洲华尔街日报》的编辑兼出版商,我的一位记者就患了与凯瑟琳娜相似的精神疾病。

现在我明白,在我决定想方设法帮助这位记者的背后有个人原因。我的家庭有躁狂抑郁病史,父亲是位出类拔萃的律师,有20多个来自费城的人在他的事务所工作。1959年,我16岁,他深陷抑郁病症之中,接受电击治疗,住院治疗了3个月。他康复后,一直服用锂盐(lithium),但好多年仍然受到躁狂抑郁病的折磨。当我的记者表现出类似症状时,虽然我并非有意想起父亲,但我确实相信我父亲留给我的印象使我强烈感到,绝望中的心理抑郁病人迫切需要希望的力量源泉。

我愿提供帮助还因为，我感到这位有点特别的记者是我所知最有天赋的记者之一。我要她渡过难关是因为我知道她能干什么，即使从公司狭隘的角度出发也是值得的，正是像她和凯瑟琳娜这样的人提出突破性想法，做出突破性报道，开发出突破性技术，真正使所在企业与众不同，脱颖而出。我想，如果我们能帮助这位女孩渡过危机，她对公司的潜在贡献将无可限量。

当然，公司对所有者、客户和雇员的责任不是无限度的，若某雇员蓄意制造危机，严重影响他人工作，或给企业带来风险，那么就必须从工作场所清除。我的本能总是设法让情况好转起来，但如果某人确实精神错乱，就如同我的记者，那就不得不承认她需要治疗，严加管理束缚则于事无补。

所以我鼓励她休病假，她照办了，同时我答应她不管需要多长时间康复，只要我还在报社，她仍然可以回来工作。没有言明的条件则是，不论她什么时候回来，她须马上进入工作状态。

我和她后来都离开了那家报社。我一直饶有兴趣地跟踪观察她以后成功的事业发展。几年后，她告诉我，我的承诺对其精神康复起着非常大的作用。当然，和尚头上的虱子明摆着，公司性质决定着在这种情况下管理人员能做或不能做的事情。大企业经理，如道·琼斯或者时代华纳的经理常常能给予更多帮助，因为他们的公司财力雄厚。

如果我当时处于哈里的困境，我将遵从本能行事。现在我就会采取什么别的做法吗？可能不会。不论怎样，我这个人很清楚自己的决定会如何影响别人。对我这并不总是好事，但这就是我的本性。过去20年来，我学会了谨小慎微，为平衡公司和雇员的利益，我越来越多地遵从专家的建议，如律师和人力资源管理专家。我尽量避免掺和到这些事情中来，越少越好。在当今爱打官司的社会里，我可以选择的余地很有限，完全身不由己。

理查德·普里莫斯

理查德·普里莫斯(Richard Primus),密歇根大学法律助理教授,讲授宪法和就业歧视法,该大学位于安阿伯。他还是罗兹奖学金获得者,著有《权利的美国语言》(*American Language of Rights*)(剑桥大学出版社,1999)。

凯瑟琳娜的危机当然会给皮尔斯公司造成法律麻烦,但哈里不必惊慌失措。基于本案的事实,皮尔斯公司被起诉的可能性非常小。

因为皮尔斯是一家美国公司,凯瑟琳娜是美国公民,所以凯瑟琳娜的就业雇佣关系受到美国法律管辖。凯瑟琳娜诉皮尔斯公司有两个途径:性别歧视和残疾。性别歧视适用 1964 年民权法第七条,美国人关于残疾的诉讼要遵照 1990 年通过的残疾法案(ADA)的条款。

凯瑟琳娜告诉罗兰,如果她因粗暴生硬被剥夺合伙人资格,她将把皮尔斯公司告上法庭。按照第七条的规定,在工作场所禁止性别歧视,公司老板对员工的行为要求不能男女有别。在法庭上如果能证明皮尔斯公司接受男雇员的粗暴生硬行为而不接受女雇员的,

那么,凯瑟琳娜可以根据第七条的规定要求赔偿。但是,如果皮尔斯公司能证明它对粗暴生硬的雇员一视同仁,那么,凯瑟琳娜也就不会打赢性别歧视的官司。

残疾问题比较复杂。ADA 规定企业因雇员的身心残疾而区别对待违法。为获得 ADA 的保护,凯瑟琳娜必须是符合条件的残疾人。ADA 对此规定得非常具体。ADA 规定"残疾"人是其心理和生理缺陷极大地限制"主要生活活动"的人。这些活动包括典型的身体运动,如看、走、手工操作。可是凯瑟琳娜都能完成。但是,工作也被视为主要的生活活动,如果她的情况使她不能完成自己的工作,或者其他类似的工作,她就可以受到 ADA 的保护。然而,从这个角度看她的情况不甚明朗,因为她还没有被诊断有任何的具体缺陷。

让我们更深入分析其复杂性:即使在法律上承认她有轻度心理缺陷,凯瑟琳娜也可能不符合法律规定。为达到法律条件,雇员在工作调整的情况下必须能够完成工作。假设凯瑟琳娜要求皮尔斯公司减轻工作压力,在新条件下若她能胜任,就可以受到 ADA 的保护。如果她在工作适当调整的情况下仍不能工作,ADA 无法提供保护。

除非凯瑟琳娜提出要求,皮尔斯公司没有法律义务进行任何形式的工作调整;公司现在有权解雇她,如果凯瑟琳娜提出上诉,皮尔斯公司将不得不证明解雇的原因是工作业绩不彰,而不是因为残疾。但考虑到凯瑟琳娜的工作记录，公司要证明这些是非常不易的。因此，与凯瑟琳娜合作适当调整工作最符合皮尔斯公司的利益。若凯瑟琳娜在工作调整后仍然做不好，皮尔斯公司就可以打发她走人，不会有任何不良后果。即使皮尔斯公司未能为凯瑟琳娜找到合适的工作，仍有一些自保措施，因为在这种情况下，凯瑟琳娜的要求只限于：公司执行法院的规定，对她的工作做适当调整。她无权要求经济赔偿。只有当皮尔斯公司未想办法调整她的工作时，凯瑟琳娜才可以上诉要求经济赔偿。

案例的作者简介 ……

案例的作者简介

杰弗里·C.康纳(Jeffrey C. Connor),Spectum OED公司的合伙人,该公司是马萨诸塞州布鲁克林的一家咨询企业,以组织和执行力开发见长。他还是新罕布什尔州朴次茅斯海岸心理健康中心的执行主任,哈佛医学院组织行为学讲师。

黛安·L.库图(Diane L. Coutu),《哈佛商业评论》资深编辑,专业是心理学和商业。其论文“复原力是如何起作用的”刊登在《哈佛商业评论》2002年5月号上。

奥尔登·M.哈亚什(Alden M. Hayashi),《哈佛商业评论》前资深编辑。

约翰·汉弗莱斯(John Humphreys),金融服务业中的一名前总裁,东方新墨西哥大学商学院管理学副教授。

朱丽亚·克比(Jullia Kirby),《哈佛商业评论》资深编辑。

琼·马格丽特(Joan Magretta),管理咨询师和作家,曾获得《哈佛商业评论》麦肯锡奖。

拜伦·雷莫斯(Byron Reimus),在费城的专栏作家同时是关注于工作场所沟通问题咨询专家。